JOSEMARIA ESCRIVÁ

CARTA 29

Tradução
Élcio Carillo

Conheça nossos clubes

Conheça nosso site

@editoraquadrante
@editoraquadrante
@quadranteeditora
Quadrante

QUADRANTE

São Paulo
2023

Copyright © Fundación Studium

Capa
Gabriela Haeitmann

Dados Internacionais de Catalogação na Publicação (CIP)

Escrivá de Balaguer, Josemaria, 1902-1975
 Carta 29 / Josemaria Escrivá; tradução de Élcio Carillo — São Paulo: Quadrante, 2023.

 ISBN: 978-85-7465-566-6

 1. Cartas e Memórias I. Título

CDD-252

Índice para catálogo sistemático:
1. Cartas : Memórias : Cristianismo 252

Todos os direitos reservados a
QUADRANTE EDITORA
Rua Bernardo da Veiga, 47 - Tel.: 3873-2270
CEP 01252-020 - São Paulo - SP
www.quadrante.com.br / atendimento@quadrante.com.br

SUMÁRIO

O AUTOR 5

A *CARTA* 29 DE SÃO JOSEMARIA
ESCRIVÁ SOBRE A OBRA DE
SÃO GABRIEL 11

CARTA 29 41

O AUTOR

São Josemaria Escrivá nasceu em Barbastro (Espanha), no dia 9 de janeiro de 1902. Em 1918 começou os estudos eclesiásticos no Seminário de Logroño, prosseguindo-os depois no de São Francisco de Paula, em Saragoça. Entre 1923 e 1927 estudou também Direito Civil na Universidade de Saragoça. Recebeu a ordenação sacerdotal em 25 de março de 1925. Iniciou o seu ministério sacerdotal na paróquia de Perdiguera, continuando-o depois em Saragoça.

Na primavera de 1927 mudou-se para Madri, onde realizou um infatigável trabalho sacerdotal em todos os ambientes, dedicando também a sua atenção aos pobres e desvalidos dos bairros mais distantes, especialmente doentes incuráveis e moribundos dos hospitais. Aceitou o cargo de capelão do Patronato dos Enfermos, trabalho assistencial das Damas Apostólicas do Sagrado Coração, e foi professor em uma academia universitária, enquanto fazia o doutorado em Direito Civil.

No dia 2 de outubro de 1928, o Senhor fez-lhe ver o Opus Dei (Obra de Deus). Em 14 de fevereiro de 1930 compreendeu — por inspiração divina — que devia estender o apostolado do Opus Dei também às mulheres. Abria-se assim na Igreja um caminho novo, destinado a promover entre pessoas de todas as classes sociais a procura da santidade e o exercício do apostolado, mediante a santificação do trabalho de cada dia no meio do mundo. No dia 14 de fevereiro de 1943, fundou a Sociedade Sacerdotal da Santa Cruz, inseparavelmente unida ao Opus Dei. Além de permitir a ordenação sacerdotal de membros leigos do Opus Dei e a sua incardinação a serviço da Obra, a Sociedade Sacerdotal da Santa Cruz viria a permitir mais tarde que os sacerdotes incardinados nas dioceses pudessem participar do espírito e da ascética do Opus Dei, buscando a santidade no exercício dos seus deveres ministeriais, em dependência exclusiva do seu respectivo Bispo. O Opus Dei foi erigido em Prelazia pessoal por São João Paulo II no dia 28 de novembro de 1982: era a forma jurídica prevista e desejada por São Josemaria Escrivá.

Em 1946 Mons. Escrivá passou a residir em Roma, onde permaneceu até o fim da vida. Dali estimulou e orientou a difusão do Opus Dei por todo o mundo, dedicando-se a dar aos homens e mulheres da Obra e a muitas outras pessoas uma sólida formação doutrinal, ascética a apostólica. Por ocasião da sua morte, o Opus Dei contava mais de 60.000 membros de oitenta nacionalidades.

São Josemaria Escrivá faleceu em 26 de junho de 1975. Havia anos, oferecia a Deus a sua vida pela Igreja e pelo Papa. Seu corpo repousa no altar da igreja prelatícia de Santa Maria da Paz, na sede central da Prelazia do Opus Dei. A fama de santidade que Fundador do Opus Dei já tinha em vida foi-se estendendo após a sua morte por todos os cantos do mundo, como mostram os abundantes testemunhos de favores espirituais e materiais que se atribuem à sua intercessão, entre eles algumas curas medicamente inexplicáveis. São João Paulo II canonizou Josemaria Escrivá no dia 6 de outubro de 2002.

Entre seus escritos publicados, contam-se, além do estudo teológico-jurídico *La Abadesa de Las Huelgas*, livros de espiritualidade traduzidos para numerosas línguas: *Caminho, Santo Rosário, É Cristo que passa, Amigos de Deus, Via Sacra, Sulco, Forja* e *Em diálogo com o Senhor*. Sob o título *Entrevistas com Mons. Josemaria*

Escrivá publicaram-se também algumas entrevistas que concedeu à imprensa. Uma ampla documentação sobre São Josemaria pode ser encontrada em www.escriva.org/pt-br/ e em www.opusdei.org.

A *CARTA* 29 DE SÃO JOSEMARIA ESCRIVÁ SOBRE A OBRA DE SÃO GABRIEL

Luis Cano

Em 2020, a Coleção de Obras Completas que está sendo editada pelo Instituto Histórico São Josemaria Escrivá começou a publicar o conjunto de *Cartas* que o fundador do Opus Dei escreveu ao longo de sua vida para tratar de aspectos centrais do carisma e da história desta instituição. Até o momento, foram lançados dois volumes, com um total de oito *Cartas*. A que agora apresentamos antecipa seu lançamento nesta coleção e proporciona aos leitores de *Studia et documenta*[1] uma edição em tudo semelhante à que está sendo elaborada na referida coleção.[2]

Trata-se de documentos que refletem o pensamento maduro do Fundador sobre múltiplas questões e que foram colocados por escrito, em suas versões finais, durante os últimos anos de sua vida. Ele as chamava de *Cartas*, em itálico, porque não eram peças de seu epistolário, mas um gênero próprio, uma espécie de missiva para suas filhas e filhos espirituais de todos os tempos, em que ele deseja travar uma conversa como se estivesse em tertúlia. As tertúlias, tal como as entendia São Josemaria, foram — e são — para os membros do Opus Dei um momento

---

(1) Trata-se do periódico, fundado em 2007, que primeiro trouxe a público a *Carta* 29. Está vinculado ao Instituto Histórico São Josemaria Escrivá. [N. E.]

(2) Para obter mais detalhes, veja-se a introdução de José Luis Illanes ao primeiro volume da série correspondente desta coleção: Josemaria Escrivá de Balaguer, *Cartas* (I), edição crítica e anotada, elaborada por Luis Cano, Rialp, Madri, 2020, pp. 3-32.

de vida familiar, de comunhão, de lazer, de formação e até de oração. Por isso as *Cartas* não são uma espécie de tratado, embora desenvolvam um tema monográfico — como neste caso, em que o Fundador se refere à obra de São Gabriel, um dos apostolados em que se organiza a atividade pastoral e evangelizadora do Opus Dei.

Na Coleção de Obras Completas, foi escolhido um tipo de edição crítica e anotada para esses documentos. Crítica, porque procura apresentar um texto autêntico, depois de comparar as versões que se conservam, resolvendo possíveis variantes, verificando se as últimas correções manuscritas do Autor foram fielmente introduzidas, eliminando, se houvesse, acréscimos espúrios, corrigindo erros etc. Ou seja, fornecendo aos estudiosos, e a qualquer leitor interessado, um texto seguro com que trabalhar ou meditar.

Ao contrário dos primeiros volumes da coleção, que tratavam de obras já publicadas em vida do Fundador e bem conhecidas do público, não quisemos fazer aqui uma edição amplamente comentada. Tratando-se de textos inéditos e em grande parte desconhecidos até mesmo para muitos membros do Opus Dei, quisemos dar destaque ao próprio texto, reduzindo as anotações ao mínimo indispensável, a fim de não distrair o leitor. As explicações que foram introduzidas servem para esclarecer aspectos que — na opinião do editor — podem não ser compreensíveis para todos de imediato ou para contextualizar afirmações que, quando escritas, há sessenta anos ou mais, tinham um significado talvez muito diferente do atual, devido à distância temporal ou à evolução semântica. Cabe, portanto, aos especialistas que desejarem a tarefa de glosar, aprofundar ou realizar alhures qualquer exegese teológico-espiritual desses textos, uma vez que — como dissemos — esta não é a missão desta obra.

Contexto e história

Não há notícias sobre o processo de redação desta *Carta*, que foi impressa na gráfica dirigida pelas mulheres da Obra, no edifício de Villa Sacchetti, em janeiro de 1966, juntamente com outras catorze cartas semelhantes, que tratam de vários temas, como a humildade, a missão apostólica dos membros do Opus Dei no mundo, a santificação do trabalho, o itinerário jurídico da Obra, o apostolado no campo do ensino, os sacerdotes no Opus Dei, a obra de São Miguel etc.

A data que possui, 9 de janeiro de 1959, é sem dúvida próxima ao trabalho de redação, mas nada mais se pode especificar sobre o período em que São Josemaria a compôs. Há registros de que, depois de impressa, os exemplares foram enviados a vários países em 21 de janeiro de 1966.[3]

---

(3) Cf. Nota 23/65 (nv), de 21 de janeiro de 1966, em AGP, série E.1.3, 244-3.

São Josemaria havia abordado em profundidade esse tema em 1950, quando escreveu sua *Instrução sobre a Obra de São Gabriel*, a quarta de suas *Instruções*, iniciada em 1935.[4] Em 1950, o Opus Dei havia recebido a aprovação definitiva de suas Constituições, que descreviam bem detalhadamente a figura dos supernumerários e supernumerárias, substancialmente como a conhecemos hoje. Sua vocação à santidade e ao apostolado no meio do mundo, seus meios de formação pessoal e coletiva, a prática das diversas virtudes e a vida de oração, a chamada a iluminar todas as realidades terrenas nobres com a luz de Jesus Cristo, desenham-se naquelas Constituições com traços que ainda hoje

---

(4) Cf. Alfredo Méndiz, «Los primeros pasos de la "obra de San Gabriel"» (1928-1950), *Studia et documenta* 13 (2019), pp. 243-269; Luis Cano, «Instruciones (obra inédita)», em José Luis Illanes (coord.), *Diccionario de San Josemaría Escrivá de Balaguer*, Roma-Burgos, Instituto Histórico Josemaria Escrivá/ Monte Carmelo, 2013, pp. 650-655.

vigoram na prática de milhares de mulheres e homens, casados ou não, que vivem como supernumerários do Opus Dei.

De fato, quase tudo o que estava nas Constituições de 1950 referentes aos supernumerários havia sido incorporado dois anos antes, numa importante reforma dos estatutos do Opus Dei que o Fundador havia apresentado em 2 de fevereiro de 1948 e que foi aprovada pela Santa Sé em 18 de março daquele ano. Até aquele momento, os textos estatutários do Opus Dei (1941, 1943 e 1947) haviam tratado a figura dos supernumerários de forma minimalista, e isso por diversas razões, mas talvez fundamentalmente porque, como o próprio Fundador reconhecia, não havia sido possível dedicar a atenção necessária a essa parte da Obra.[5] O desenvolvimento do Opus Dei, a

---

(5) Cf. Relatório de Salvador Canals, 9 de fevereiro de 1948, em AGP, série L.1.1, 10-1-15.

possibilidade de ter sacerdotes próprios e com membros suficientemente formados e maduros para desempenhar essa tarefa, juntamente com a aprovação de 1947, mudaram essa perspectiva: São Josemaria viu que chegara a tão esperada hora de desenvolver esse tipo de membros em toda a sua extensão.[6]

A Instrução estava, portanto, intimamente ligada à aprovação estatutária da figura dos supernumerários, unidos com vínculo jurídico ao Opus Dei e dotados de verdadeira vocação, com "plena dedicação ao Senhor"[7] na Obra, como dizia Escrivá, ainda que só realizem aqueles

---

(6) Sobre a evolução da figura do supernumerário de 1930 a 1950, trato-a extensamente em outra obra: «Los primeros supernumerarios del Opus Dei (1930-1950)», em Santiago Martínez-Sáchez e Fernando Crovetto (eds.), *El Opus Dei. Metodología, mujeres y relatos*, Pamplona, Thomsom Reuters Aranzadi, 2021, pp. 375-396.

(7) *Instrução para a obra de São Gabriel*, em AGP, série A.3, 90-2-2, n. 169.

trabalhos apostólicos compatíveis com suas circunstâncias familiares e sociais.[8] A Instrução tratava de tudo isso com um estilo simples e não jurídico, de uma forma mais condizente com a formação dos futuros membros; explicava-se a eles a riqueza espiritual e apostólica da vocação de supernumerário, além do objeto específico da obra de São Gabriel.

Em 1962, depois de duas tentativas fracassadas de transformar o Opus Dei em outra figura canônica diferente do instituto secular, que o Fundador considerava inadequada tendo em vista sua evolução para formas de vida consagrada, São Josemaria começou a trabalhar em suas *Cartas*. A primeira a ser impressa — e a mais breve de todas — tem justamente o propósito de comunicar aos seus filhos e filhas

---

(8) Cf. Carta de Josemaria Escrivá de Balaguer ao Papa Pio XII, 2 de fevereiro de 1948, em AGP, série L.1.1, 10-1-15, no n. 342, 3 dos *Addenda* às *Constituições* (em AGP, série L.1.1, 10-1-17).

que o Opus Dei, de fato, já não podia ser considerado um instituto secular.[9]

Depois desta *Carta*, seguiram-se outras, mais ou menos breves, com o propósito de atender às necessidades formativas do momento e explicar aspectos do espírito e da história do Opus Dei que o Fundador desejava sublinhar não só naquelas circunstâncias históricas, mas também pensando em deixar textos orientadores e inspiradores para as gerações futuras.

Aos poucos, esses documentos foram aumentando em número e em extensão, até chegar janeiro de 1966, quando esta *Carta* foi impressa, como dissemos, junto com outras catorze. Por que ele sentiu a necessidade de escrever novamente sobre

---

(9) *Carta* n. 28, sobre a situação jurídica do Opus Dei, que de fato não é um instituto secular, embora o seja de direito; também designada pelo *incipit Non ignoratis*, com data de 2 de outubro de 1958; foi a primeira *Carta* a ser impressa e enviada, em data anterior a 15 de fevereiro de 1964. Tem sete páginas.

o tema da obra de São Gabriel, ao qual havia dedicado um extenso documento, como foi a Instrução, poucos anos antes? Várias são as hipóteses.

Em primeiro lugar, há certa duplicação entre as *Instruções* e as *Cartas* no que diz respeito às três obras em que o Opus Dei está estruturado: a obra de São Miguel, a obra de São Gabriel e a obra de São Rafael. A cada uma delas São Josemaria dedica uma *Instrução* e uma *Carta*. Por alguma razão, ele considerou necessário ter dois textos longos sobre cada um desses temas. Sua ideia inicial era que as *Instruções* fossem um guia prático para desenvolver cada uma dessas obras, enquanto as *Cartas* simplesmente tratariam mais abundantemente dos mesmos temas, ou de algum outro específico que ele quisesse sublinhar, sem uma ordem sistemática. É o que se deduz, aparentemente, da seguinte frase — e de outras semelhantes — contida numa *Carta*:

Há escritos meus, as *Instruções*, que, por sua natureza, eu não retenho: entrego-os imediatamente para que neles podeis meditar e colocar em prática. Neles destacam-se pontos da nossa doutrina, do que é próprio do espírito da Obra, e algumas outras coisas circunstanciais que não são perenes. As *Cartas* — por outro lado — podem esperar e, às vezes, devem esperar: não sei quando chegareis a receber a que estou escrevendo agora. Não precisais desses documentos, pelo menos por ora, porque já viveis tudo o que é positivo, e o viveis bem. O resto — repito — pertence à nossa história interna, e este não é o momento de fazê-la.[10]

Se forem comparados o conteúdo da *Instrução* sobre a obra de São Gabriel e

---

(10) *Carta* n. 13.

o desta *Carta,* notam-se claras diferenças. A primeira é escrita quando as atividades com pessoas sem a chamada ao celibato tinham acabado de alçar voo, por assim dizer. Entre 1947 e 1948, a vocação do supernumerário havia sido definida em detalhes, os primeiros pedidos de admissão haviam chegado e a primeira convivência havia sido realizada. Em 1950, portanto, embora o número de membros dessa categoria tivesse aumentado, se estava praticamente começando, e era necessário explicar pormenorizadamente em que consistia essa vocação; como se organizava o atendimento pastoral dessas pessoas; que virtudes deveriam praticar; quais eram seus apostolados; como se desenvolveriam suas reuniões de formação e suas convivências; a que tipo de intervenção evangelizadora eram chamados no meio do mundo; e em que atividades poderiam influenciar de modo cristão etc. Em alguns momentos, na *Instrução*, o Autor desce a conselhos muito práticos e detalhados.

A *Carta* de que estamos tratando parte de uma base diferente daquela de 1950. Embora não saibamos quando São Josemaria começou a escrevê-la, sabemos que a terminou no final de 1965, quando o mundo havia mudado muito e se vislumbravam no horizonte transformações sociais ainda mais radicais, que repercutiriam em múltiplas dimensões da vida humana — em primeiro lugar, a religiosa, mas também a moral e a familiar. Era urgente sublinhar um aspecto da obra de São Gabriel ao qual já havia feito alusão na *Instrução*, mas que aqui assume um lugar preponderante: a projeção evangelizadora desse trabalho, que se destina não só a realizar um apostolado individual, mas a influenciar de modo cristão um mundo que está se afastando dramaticamente de Deus, pelo menos no Ocidente. Nesse sentido, como se verá ao lê-la ou no resumo do seu conteúdo que incluímos adiante, esses tópicos são predominantes.

Também aparecerá na *Carta* uma questão à qual, em 1950, só se podia fazer uma leve alusão, mas que em 1965 tinha uma importante atualidade para o Fundador. Em 1962, Escrivá convenceu-se de que era necessário abandonar a configuração jurídica de instituto secular logo que possível, a fim de garantir a plena laicidade da vocação ao Opus Dei. Se há algo que caracteriza as *Cartas* de São Josemaría impressas a partir de 1962 é a insistência — se posso usar a expressão — turrona na secularidade dos membros, na diferença de sua vocação com relação à dos religiosos, em aspectos como sua liberdade, sua plena inserção no mundo etc. Eram temas que não precisava ressaltar em 1950. Na *Carta* que estamos comentando, esses temas surgem com frequência, e a intenção é clara: marcar um antes e um depois, deixar assente para sempre a genuína doutrina do Opus Dei sobre a laicidade da vocação dos supernumerários.

Podemos cogitar um último motivo que o Fundador pode ter nutrido ao escrever esta *Carta*: quando ela veio à tona, em meados dos anos 1960, a obra de São Gabriel vivia grande expansão em vários países. Ter à disposição um texto como este, naquela época, poderia ser muito útil para a formação dos que deveriam dirigir ou formar supernumerárias e supernumerários, bem como para transmitir a doutrina do Fundador sobre os múltiplos aspectos que são tratados neste texto. A opinião pública sobre alguns deles, como as questões de moralidade do casamento, havia mudado profundamente desde 1950 e era muito candente em 1966, quando a *Carta* faz sua aparição, como se pode ler nas notas correspondentes a essa parte.

FONTES E MATERIAL PRÉVIO

Não se conserva no AGP o manuscrito datilografado desta *Carta,* como acontece com outras, e sim a primeira versão impressa, que sabemos ter sido colocada em circulação em janeiro de 1966.

Esta versão de 1966 tem 64 páginas em formato 19,7 cm x 14,7 cm, em papel amarelo claro. Foi encadernada em cartolina da mesma cor. Algumas correções manuscritas de São Josemaria, em caneta esferográfica vermelha, são visíveis na p. 33; outras, em várias páginas, foram inseridas por Dom Javier Echevarría, geralmente para corrigir pequenos erros ou introduzir mudanças de pontuação. Também foram apagadas com líquido algumas palavras.

Também se conserva a versão impressa em 1985, com sessenta páginas em formato de 23,7 cm x 17 cm, em papel amarelo claro e encadernação em cartolina amarela. Contém apenas uma anotação com caneta esferográfica vermelha, na página 33, que parece ter sido feita pelo Beato Álvaro del Portillo.

Não se conserva nenhum outro documento relacionado a esta *Carta*.

Questões de crítica textual

A comparação das duas fontes permite verificar que as anotações manuscritas presentes no exemplar de 1966 foram incorporadas à edição de 1985, assim como foram suprimidas as palavras apagadas com líquido. Não sabemos quando São Josemaría revisou esse exemplar de 1966, mas sabemos que em 1975 ele estava revendo todas as suas *Cartas*, em vista de uma impressão definitiva.[11] As correções nesse exemplar que não são de sua própria mão provavelmente foram indicadas

---

(11) Isso consta em anotação do próprio Autor no rascunho da *Carta* n, 20, em AGP, série A.3, 93-3-3.

ou autorizadas verbalmente por ele: geralmente, são erratas ou melhorias de pontuação.

A versão de 1985 acrescenta uma pequena melhoria na pontuação — realmente mínima — que acabamos por incorporar, fazendo constar isso no aparato crítico, por serem pequenos detalhes que não alteram o significado do texto e que o melhoram. É até possível que tenham sido feitas pelo próprio São Josemaria, que algumas vezes fez correções à mão diretamente nas provas tipográficas, as quais não foram conservadas.[12]

Encontramos, no entanto, no n. 35b, uma modificação manuscrita de São Josemaria — a única que nos parece possível identificar como de sua própria mão no documento de 1966 — que não foi

---

(12) Isso é lembrado por José Luis Soria, que trabalhou junto com o Fundador nessas tarefas, em depoimento sem data: AGP, A.3, 87-2-1.

incorporada em 1985. Como explicá-lo, uma vez que todas as outras correções manuscritas contidas, algumas muito pequenas, foram inseridas pontualmente na impressão de 1985? Não é razoável que tenha sido por falta de atenção. A explicação provável é outra, uma vez que já encontramos esse problema em outras *Cartas*.

Como dissemos, sabemos que, até poucos meses antes de sua morte, São Josemaria estivera revisando suas *Cartas*. Ele relia frequentemente esses escritos, como sabemos a partir de um depoimento de Javier Echevarría.[13] Talvez numa dessas revisões o Fundador tenha feito essa alteração no documento-modelo. Chamamos

---

(13) Javier Echevarría recordava que Escrivá relia seus escritos com certa frequência, talvez não apenas para aperfeiçoá-los, mas também para meditar sobre eles. Cf. depoimento de Javier Echevarría sem data (mas dos últimos anos de sua vida), em AGP, série A.3, 87-2-8.

de «documento-modelo» os exemplares da edição de 1966 que contêm correções manuscritas e que geralmente possuem na capa um carimbo em tinta vermelha que diz «modelo».

Este documento era guardado com muito cuidado por São Josemaria. Não é concebível que o tenha enviado para a gráfica para que preparassem a edição. É mais lógico pensar na existência de uma versão limpa, datilografada, que foi usada para esse fim e depois destruída, de modo que ficasse apenas um «modelo» válido: aquele conservado pelo Fundador. É possível que essa versão intermediária ainda existisse em 1985 e tenha sido usada ao imprimir os escritos de São Josemaria para que fossem entregues à Congregação para as Causas dos Santos naquele ano. Inexplicavelmente, talvez pela urgência do momento, essa versão não foi comparada com o «modelo», presumindo-se que fossem textos idênticos, sem a ciência de que

São Josemaria fizera algumas pequenas emendas ao longo do tempo.

A existência dessa possível cópia limpa, que não foi conservada, explicaria essa omissão. Aqui este é o único caso, mas isso se deu com mais frequência em outras *Cartas*,[14] sempre em pequenos detalhes. O Beato Álvaro del Portillo percebeu essa omissão e anotou, em cópia de 1985, a correção do Fundador que faltava. Como se explica na edição crítica dos volumes I e II de *Cartas*, Álvaro del Portillo encontrou outras discrepâncias desse gênero, provavelmente porque em algum momento de sua vida comparou os «exemplares-modelo» com os de 1985 e anotou as diferenças para que fossem levadas em consideração quando da elaboração de uma edição definitiva das *Cartas*.

---

(14) Cf. Josemaria Escrivá de Balaguer, *Cartas* I, Madri, Rialp, 2020, pp. 35-43.

ÍNDICE

São Josemaría começa sua *Carta* explicando que a salvação trazida por Jesus Cristo é destinada a todos os homens, sem exceção. Mas, embora sua redenção seja superabundante, deve-se notar que muitos não conhecem Cristo e que o mal prosperou no mundo: «No campo que Deus fez para si mesmo na terra, que é herança de Cristo, há joio. Não apenas joio; abundância de joio!» (3a), escreve. Diante dessa realidade, estas páginas constituem um chamado a participar da redenção com Jesus Cristo, a não ficar indiferentes. Torna-se necessário, diz ele, agir como o fermento na massa, com uma ação lenta e constante, para divinizar os homens (nn. 1-9).

Neste contexto de grandes horizontes apostólicos — continua nos nn. 10-15 — situa-se a obra de São Gabriel, com a qual «preenchemos todas as atividades do mundo com um conteúdo sobrenatural que — à medida que for se espalhando — contribuirá eficazmente para resolver os grandes problemas dos homens» (10a). Este é um ponto-chave da *Carta*: a repercussão da obra de São Gabriel não se limita a melhorar a vida cristã de quem a frequenta, mas, como consequência da atuação pessoal, leva a vivificar e iluminar realidades e estruturas temporais com a vida e a luz de Cristo. Nesta seção, fala-se sobre a vocação dos supernumerários e supernumerárias, destacando essa projeção evangelizadora e transformadora: são pessoas de todos os tipos e classes sociais, as quais podem exercer influência de modo cristão, tanto a partir das posições de liderança da sociedade quanto nas encruzilhadas mais modestas da vida, com um apostolado diversificado, que conta com todas as especializações que a própria vida oferece. Daí a importância da vocação profissional secular que faz parte da vocação como supernumerário ou supernumerária e que, entre outros aspectos, a diferencia dos apostolados realizados por outras realidades da Igreja.

A parte central (nn. 16-32) começa tratando da relação entre santidade e apostolado pessoal. Em seguida, passa a desenvolver ainda mais o tema principal desta *Carta*, que já estava muito presente na seção anterior. A atuação profissional e apostólica orienta-se não só para a realização de um apostolado individual, mas funde-se para que o membro do Opus Dei aspire a construir uma sociedade mais justa e mais cristã. Para isso, Escrivá exorta a amar o mundo e a estar presente sem medo em todas as atividades e organizações dos homens — sem deixar, irresponsavelmente, o campo livre para os inimigos de Deus e, ao mesmo tempo, sem amargura: «Nossa atitude deve ser, meus filhos, de compreensão, de amor. Nossa atuação não se dirige contra ninguém, nunca pode ter matizes de sectarismo: esforçamo-nos por afogar o mal em abundância de bem» (25a). É característico do modo de trabalhar da pessoa do Opus Dei «um amor muito grande por todos os homens, um coração aberto a todas as suas inquietações e problemas, uma compreensão imensa, que nada sabe de discriminações ou exclusivismos» (26a). Porém — incita São Josemaria —, um cristão não pode descansar sobre os louros: permanecendo ativo, sereno, realista, deve esforçar-se por «cristianizar todas as atividades do mundo: colocar Cristo no cume de todas as atividades humanas» (28a). Neste campo, sublinha a importância de levar a mensagem do Evangelho a todas as pessoas.

Uma breve seção (nn. 33-37) é dedicada a glosar certas características da formação dos supernumerários e supernumerárias; concentra-se sobretudo na liberdade que deve presidir essa formação — liberdade também para se desenvolver no amplo campo de atuação pessoal e profissional e das opções opináveis: «Liberdade, meus filhos», afirma. «Não espereis jamais que a Obra vos dê palavras de ordem temporais» (36a). Ele exorta a que cada um busque as soluções que, em consciência, considere mais adequadas para resolver problemas temporais. Queixa-se de que haja pessoas na Igreja que não entendem nem respeitem essa liberdade, deixando-se levar pelo clericalismo.

Vem depois outra parte (nn. 38-42), também breve, na qual São Josemaria explica outras características do apostolado dos supernumerários, homens e mulheres: não se trata de uma tarefa eclesiástica; deve ser presidida pela humildade; é exercida no campo dos deveres e direitos cívicos, porque a vocação tem um «caráter plenamente secular» (41a). Por isso, insistia novamente na necessidade de estar presente, como fermento cristão, nas atividades humanas e, de modo especial, se for dada a oportunidade, na vida pública, levando em consideração a importância da legislação civil para moldar a vida dos homens em questões de relevância moral.

Após uma breve alusão aos cooperadores (n. 43), trata de alguns apostolados específicos, como o de anunciar a mensagem do Evangelho à opinião pública por meio de sistemas de comunicação de massa (nn. 44-46); o apostolado da diversão; a intervenção nas finanças e nos diversos campos da economia e da política (nn. 47-52).

Uma última seção (nn. 53-58) é dedicada à vida familiar e ao casamento. Nela, São Josemaria fornece critérios para a vivência santa dos deveres conjugais num momento em que a permissividade sexual estava singrando, bem como a mentalidade contraceptiva e o divórcio. A *Carta* chega ao fim com algumas palavras conclusivas, que exortam ao compromisso com a vocação recebida, apoiados na consciência da própria filiação divina (nn. 59-60).

CARTA 29

[sobre a obra de São Gabriel: a vocação dos Supernumerários e sua missão na santificação do mundo e da vida matrimonial e familiar; também designada pelo *incipit Dei amore*, tem a data de 9 de janeiro de 1959 e foi impressa pela primeira vez em janeiro de 1966.]

1a.   Fomos escolhidos pelo amor de Deus, filhas e filhos queridíssimos, para viver este caminho — sempre jovem e novo — da Obra, esta aventura humana e sobrenatural que é corredenção com Cristo, estreita e íntima participação no desejo

<small>Escolhidos pelo amor de Deus</small>

impaciente de Jesus de espalhar o fogo que veio trazer à terra.[1]

1b.

O preço da nossa redenção

Ele, com sua cruz e seu triunfo sobre a morte, rasgou o decreto de condenação dos homens[2] e conquistou a todos com o preço imenso e infinito do seu sangue: *empti enim estis pretio magno*,[3] fomos comprados por um grande preço. A toda a humanidade, sem exceção, abriu a possibilidade de uma nova vida, de renascer no Espírito, de iniciar uma existência de vencedores que podem exclamar: *se Deus é por nós, quem contra nós? Aquele que não perdoou seu próprio Filho, mas O entregou por todos nós, não nos dará com Ele todas as coisas?...*

---

(1) Cf. Lc 12, 49.
(2) Cf. Col 2, 14.
(3) 1 Col 6, 20; cf. 1 Pe 1, 18-19.

Porque estou convencido de que nem a morte, nem a vida, nem os anjos, nem os principados, nem o presente, nem o futuro, nem as virtudes, nem a altura, nem a profundidade, nem criatura alguma poderá nos arrebatar do amor de Deus em Cristo Jesus, Nosso Senhor.[4] Hino esplêndido de segurança, de plenitude, de endeusamento, que o pobre barro humano jamais poderia sonhar em entoar!

2a.

Nem todos os homens aceitam a salvação

Mas o Senhor, que oferece sua salvação a todos os homens, sem discriminação de pessoas, raça, língua ou condição,[5] não força ninguém a aceitá-la. Deixa os homens em liberdade: os homens, às vezes, não o querem e obrigam Jesus a admitir suas desculpas baixas e egoístas,

---

(4) Rm 8, 31-32; 38-39.
(5) Cf. Gl 3, 28; Cl 3, 11.

suas recusas — *habe me excusatum*[6] — ao convite amoroso de participar da grande ceia.

2b. Causa dor ver que, depois de vinte séculos, há tão poucos que se chamem cristãos no mundo e que, entre aqueles que se chamam cristãos, há tão poucos que tenham a verdadeira doutrina de Jesus Cristo. Já lhes contei algumas vezes que, ao olhar para um mapa-múndi, certo homem que não tinha um coração ruim, mas que não tinha fé, me disse: *olha, de norte a sul, e de leste a oeste, olha. O que queres que eu olhe?*, perguntei-lhe. E esta foi a sua resposta: *o fracasso de Cristo. Tantos séculos tentando colocar sua doutrina no coração dos*

Poucos têm a verdadeira doutrina de Cristo

---

(6) Cf. Lc 14, 15-24.

> *homens, e veja os resultados: não há cristãos.*

2c.
Cristo não fracassou

De início, enchi-me de tristeza; mas, imediatamente, também de amor e de agradecimento, porque o Senhor quis tornar-nos cooperadores livres de sua obra redentora. Cristo não fracassou: sua doutrina e sua vida estão a fecundar continuamente o mundo. Sua redenção é suficiente e superabundante, mas Ele nos trata como seres inteligentes e livres e dispôs que, misteriosamente, cumpríssemos em nossa carne — em nossa vida — o que falta em sua paixão *pro corpore eius, quod est Ecclesia.*[7]

2d.
Corredentores

A redenção continua a fazer-se: e vós e eu somos corredentores. Vale a pena empenhar a vida inteira e

---

(7) Cl 1,24

saber sofrer, por amor, a fim de levar adiante as coisas de Deus e ajudá-Lo a redimir o mundo, a fim de corredimir. Em face dessa consideração, é hora de que vós e eu clamemos em louvor a Deus: *laudationem Domini loquetur os meum, et benedicat omnis caro nomini santo eius*,[8] que a nossa boca exalte o Senhor, e que todas as criaturas glorifiquem seu santo nome.

3a. Não podemos esquecer, meus filhos, que o Senhor disse que o seu reino não é deste mundo[9], porque, ao permitir o uso indevido da liberdade humana, tolerou que, até o dia da colheita, o joio cresça ao mesmo tempo que o trigo bom.[10]

O joio e o bom trigo

---

(8) Sl 145[144], 21.
(9) Cf. Jo 18, 6.
(10) Cf. Mt 13, 24-30.

E o mal prosperou! Já desde o berço da Igreja, ainda durante a vida dos Apóstolos, surgem as heresias e os cismas. Perseguições dos pagãos, nos primeiros tempos da cristandade, do islamismo, do protestantismo e, agora, do comunismo. No campo que Deus fez para si mesmo na terra, que é herança de Cristo, há joio. Não apenas joio; abundância de joio!

3b. Até que desça do céu a cidade santa, a nova Jerusalém — novo céu e nova terra[11] —, não haverá trégua na batalha que está sendo travada entre *o Senhor dos senhores e Rei dos reis e dos que estão com ele, chamados, escolhidos e fiéis,*[12] de um lado, e os servos da besta e do *filho da perdição, que se opõe e se levanta contra tudo o*

---

(11) Cf. Ap 21, 1-2.
(12) Ap 17, 14.

que se proclama Deus ou é adorado, até sentar-se no templo de Deus e se proclamar deus a si próprio.[13]

4a.

Otimismo fundamentado em Cristo

Nosso otimismo não é um otimismo tolo e presunçoso: é realismo. É por isso que não podemos ignorar a presença do mal no mundo, nem deixar de sentir a responsabilidade premente de termos sido convocados por Cristo para combater com Ele em sua formosa batalha de amor e paz.

4b.

Três manifestações da presença do mal no mundo

Já há muitos anos, num retiro espiritual que dava aos vossos irmãos, procurava que reparassem a situação do mundo, que não mudou muito desde então. Incentivava-os a contemplar — usando uma imagem gráfica — essa mancha vermelha

---

(13) 2 Ts 2, 3-4; cf. Ap 13, 1-17.

que se espalha rapidamente sobre a terra, que arrasa tudo, que quer destruir até mesmo o menor sentido sobrenatural. E o avanço de outra onda muito grande de sensualidade — perdoem-me —, de imbecilidade, porque os homens tendem a viver como bestas.

4c. E prosseguia, fazendo-lhes notar que ainda se distingue outra cor, que avança e avança, especialmente nos países latinos; de maneira mais hipócrita em outras nações: o ambiente anticlerical — de mau anticlericalismo —, que tenta relegar Deus e a Igreja ao fundo da consciência ou que, dito de outra forma mais clara, quer relegar Deus e a Igreja à vida privada, sem que o fato de ter fé se manifeste na vida pública. Não estou exagerando:

esses três perigos são constantes, evidentes, agressivos.

5a. Não podeis — seria um comodismo intolerável — fechar os olhos a essa realidade. Não para que vos enchais de um pessimismo inerte e inativo, mas para que vos inflameis e enchais das santas impaciências do Cristo que, com um passo rápido, indo adiante de seus discípulos — *praecedebat illos Iesus*[14]—, fez sua última viagem a Jerusalém, a fim de ser batizado com um batismo que havia instado continuamente o seu espírito.[15]

5b. Que haja sempre em vossos lábios e em vossas almas uma afirmação categórica, jovem e audaz:

Possumus

---

(14) Mc 10, 32.
(15) Cf. Lc 12, 50.

possumus!,[16] podemos!, quando sentirdes o convite do Senhor: *podeis beber o cálice que eu devo beber e ser batizado com o batismo com o qual eu devo ser batizado?*[17]

5c.

Não é possível permanecer indiferentes diante do mal

Um filho de Deus em sua Obra, embora sempre sereno com a serenidade de sua filiação divina, não pode ficar indiferente perante um mundo que não é cristão e nem mesmo humano. Porque muitos homens ainda não alcançaram aquelas condições de vida — na ordem temporal — que permitem o desenvolvimento do espírito, e estão como que insensibilizados para qualquer coisa que não seja carnal. As palavras da Escritura podem ser aplicadas a *eles: são*

---

(16) Mc 10, 39.
(17) Mc 10, 38.

homens animais, sem espírito.[18] Nessas pobres almas, cumpre-se o que São Paulo lamentava: *animalis autem homo non percipit ea quae sunt Spiritus Dei,*[19] porque essas pobres criaturas não veem a luz espiritual, não discernem as coisas que são do espírito de Deus.

6a. Mas virai vossos olhos para aqueles povos que alcançaram um crescimento quase incrível de cultura e progresso; que, em poucos anos, alcançaram uma evolução técnica admirável, que lhes proporciona um alto padrão de vida material. Suas pesquisas — é maravilhoso como Deus ajuda a inteligência humana — deveriam tê-los levado a se aproximar de Deus, porque, na

<small>Progresso humano e crescimento espiritual</small>

---

(18) Jd 19.
(19) 1 Cor 2, 14.

medida em que são realidades verdadeiras e boas, elas procedem de Deus e levam a Ele.

6b. No entanto, não é esse o caso: eles tampouco, apesar de seu progresso, são mais humanos. Não podem ser, porque, quando falta a dimensão divina, a vida do homem — não importa quanta perfeição material ele alcance — é vida animal. Somente quando o homem se abre para o horizonte religioso é que satisfaz sua ânsia de distinguir-se dos animais: a religião, de um certo ponto de vista, é como a maior rebelião do homem, que não quer ser animal.

6c. Na ordem religiosa, filhas e filhos meus, não há progresso, não há possibilidade de avanço. O cume desse progresso já ocorreu: é Cristo, alfa e

Cristo alfa e ômega, princípio e fim

ômega, princípio e fim.[20] Por isso, na vida espiritual não há o que inventar; só cabe lutar para identificar-se com Cristo, para ser outros Cristos — *ipse Christus* —, para se apaixonar e viver com Cristo, que é o mesmo ontem e hoje e sempre será o mesmo: *Iesus Christus heri et hodie, ipse et in sæcula.*[21] Compreendeis que eu vos repita, uma e outra vez, que não tenho outra receita para vos dar a não ser esta: a santidade pessoal? Não há mais nada, meus filhos, não há mais nada.

7a.

Fermento para divinizar os homens

Torna-se necessário um fermento, uma levedura que divinize os homens e, ao torná-los divinos, ao mesmo tempo os torne verdadeiramente humanos. Até mesmo muitos

---

(20) Cf. Ap 21, 6.
(21) Hb 13, 8.

dos que se dizem discípulos de Jesus, dos que se mostram oficialmente piedosos, têm necessidade de fermento. O fermento torna a massa macia e leve, deixa-a esponjosa, transforma-a, conferindo-lhe as condições próprias para a alimentação. Sem fermento, a farinha e a água não produziriam nada além de uma massa compacta, indigesta e pouco saudável.

7b. Deus Nosso Senhor, no meio das grandes deserções, sempre reservou para Si um resto de homens fiéis, que agissem na massa como fermento. *Voltará um resto, um resto de Jacó, ao Deus forte; porque, ainda que teu povo fosse, Israel, como as areias do mar, só um resto voltará;*[22] o fruto restante

<small>O fermento são sempre uns poucos</small>

---

(22) Is 10, 21-22.

permanece na oliveira quando é sacudida, *quando se faz o rebusco*,[23] disseram os profetas. *Também no tempo presente* — escreveu São Paulo aos romanos — *permaneceu um resto, em virtude de uma eleição feita por pura graça.*[24] Jesus colocou alguns como fermento: aquele grupo de homens santos e de santas mulheres, que colaboravam com os primeiros, em cujos corações Ele havia feito uma semeadura maravilhosa.

8a. Eu fazia notar aos vossos primeiros irmãos que nós éramos poucos. E, com firme segurança, dizia-lhes: *melhor! Existem multidões à frente? Mas nós estamos unidos pelo amor. E eles, embora aparentemente estejam*

---

(23) Is 24, 13.
(24) Rm 11, 5.

unidos, de fato vivem dispersos, porque lhes uniu o ódio: o ódio que sempre existiu, o ódio que brota da vida egoísta, da eterna luta das criaturas rebeldes contra seu Criador. E acrescentava: *queremos ser mais? Sejamos, então, melhores!*

8b.

O fermento atua lentamente

Filhos da minha alma, o efeito do fermento não se produz abruptamente, nem violenta nem parcialmente, mas com lentidão, sem pressa, pela virtude intrínseca que atua sobre toda a massa. E podeis comprovar — hoje que já somos, pela graça de Deus, uma multidão — a ação de um fermento: daqueles poucos da primeira hora, que tiveram fé em Deus e neste pobre pecador, que foram — como sois vós atualmente, num ambiente quase universal — um fermento eficaz, pela força da vida sobrenatural, do trabalho e do espírito de sacrifício alegre.

9a.

Ignem veni mittere in terram

Durante anos, inflamava-me no amor a Deus a consideração da ânsia de Jesus por incendiar o mundo com seu fogo. E eu não podia conter dentro de mim aquele fervor que se abria impetuosamente em minha alma e que, expressando-se nas próprias palavras do Mestre, saía aos gritos da minha boca: *ignem veni mittere in terram, et quid volo nisi ut accendatur?... Ecce ego quia vocasti me*;[25] fogo vim trazer à terra, e o que

---

(25) Lc 12, 49; 1 Sm 3, 9. «ignem veni mittere...»: em diversas ocasiões aludiu a este fato, que está recolhido em seus *Apontamentos íntimos* (n. 1741, 16 de julho de 1934, cf. Josemaria Escrivá de Balaguer, *Camino*, ed. crítico-histórica preparada por Pedro Rodríguez, 3ª ed., Madri, Rialp, 2004, pp. 899-902). Cf. Josemaria Escrivá de Balaguer, *En diálogo con el Señor*, ed. crítico-histórica preparada por Luis Cano e Francesc Castells, Madri, Rialp, 2017, p. 179.

eu quero senão que queime?... Aqui estou, porque me chamaste.

9b.

Desejo magnânimo de servir a todas as almas

Todos os meus filhos devem sentir esse desejo magnânimo de colocar todo o empenho, com o sacrifício que seja necessário, para que se ativem as energias enclausuradas e entorpecidas dos homens a serviço de Deus, fazendo próprio aquele clamor do Senhor: *misereor super turbam*[26], tendo carinho pela multidão.

9c. Ninguém pode viver tranquilo, no Opus Dei, sem experimentar inquietação diante das massas despersonalizadas: rebanho, manada, piara, já lhes disse certa vez. Quantas paixões nobres existem em sua aparente indiferença, quantas possibilidades! É preciso servir a todos, impor as

---

(26) Mc 8, 2.

mãos sobre cada um, como fazia Jesus — *singulis manus imponens*[27] —, a fim de os trazer de volta à vida, de curá-los, de iluminar suas inteligências e fortalecer suas vontades, de que sejam úteis! E faremos do rebanho, exército; da manada, mesnada; e extrairemos da piara aqueles que não queiram ser impuros.

9d. A Obra hoje tem fragrância do campo amadurecido,[28] e — perante a fecundidade do labor — não é preciso ter fé para perceber que o Senhor abençoou generosamente o nosso trabalho. Há anos, fazendo oração em agradecimento ao Senhor, cantei para a Obra aquela quadra da minha terra: *botãozinho, botãozinho,/ já estás ficando rosa:/ já está*

<small>A Obra já tem fragrância de campo amadurecido</small>

---

(27) Lc 4, 40.
(28) Cf. Gn 27, 27.

chegando o tempo,/ de dizer-te alguma coisa. Meus filhos, hoje tendes em vossas mãos algumas belíssimas rosas, esplêndidas, mesmo que tenham espinhos. Este é o momento de não adormecer, de vibrar, para recolher — e entregar a Jesus Cristo e sua Igreja Santa — a colheita conquistada com tanto esforço.

10a. Todo o nosso trabalho apostólico almeja diretamente dar sentido cristão à sociedade humana, mas com a obra de São Gabriel preenchemos todas as atividades do mundo com um conteúdo sobrenatural que — à medida que for se espalhando — contribuirá eficazmente para resolver os grandes problemas dos homens.

<small>Labor de São Gabriel: dar sentido cristão a toda a sociedade</small>

10b. Entre os Supernumerários encontra-se toda a gama de condições sociais, profissões e ofícios. Todas

<small>Plenitude da vocação dos Supernumerários</small>

as circunstâncias e situações da vida são santificadas por esses meus filhos — homens e mulheres — que, dentro de seu estado e situação no mundo, se dedicam a buscar a perfeição cristã com *plenitude de vocação*.

10c. Digo com plenitude de vocação porque — nas circunstâncias em que Deus providencialmente os colocou — eles se esforçam por corresponder com total generosidade ao que o Senhor lhes pede chamando-os à sua Obra: um serviço sem reservas, como cidadãos católicos responsáveis, à Igreja Santa, ao Romano Pontífice e a todas as almas.

10d. A maior parte dos meus filhos Supernumerários vive no estado matrimonial, e para eles o amor e os deveres conjugais fazem parte de sua

<small>Sentido vocacional do matrimônio</small>

vocação divina. O Opus Dei fez do matrimônio um caminho divino, uma vocação. Há mais de trinta anos venho procurando inculcar na alma de muitas pessoas o sentido vocacional do matrimônio; e ensinando — isto não sou eu quem digo: a Igreja o definiu[29] — que a virgindade, e também a castidade perfeita, é superior ao matrimônio; exaltamos o matrimônio a ponto de fazer dele uma vocação. Que olhos cheios de luz eu mais de uma vez vi quando, acreditando — eles e elas — serem incompatíveis em suas vidas a entrega e um amor nobre e limpo, ouviam-me dizer que o matrimônio é um

---

(29) *«a Igreja o definiu»:* assim o fez no Concílio de Trento (sessão XXIV, 11 de novembro de 1563, *Canones de sacramento matrimonii*, n. 10, em *Conciliorum oecumenicorum decreta*, ed. de Hubert Jedin e Giuseppe Alberigo, Bolonha, Istituto per le Scienze Religiose di Bologna, 1973, p. 755).

caminho divino na terra! Voltarei a falar deste ponto mais tarde.

11a. Entre os discípulos de Cristo estava representada toda a sociedade de seu tempo: seguiam-nO pessoas comuns, bem como homens influentes. Muitas vezes, fiz com que reparásseis nestes dois discípulos: Nicodemos, doutor da lei e homem importante — membro do Sinédrio, talvez —, e José de Arimateia, rico, da aristocracia leiga da suprema corte de Jerusalém. Eles agiam de forma discreta e silenciosa, firmes na vida pública aos imperativos de sua consciência,[30] valentes e audazes, com o rosto descoberto na hora difícil.[31] Sempre pensei — e assim vos disse — que esses dois homens

Nicodemos e José de Arimateia

---

(30) Cf. Lc 23, 50-51.
(31) Cf. Mc 15, 43; Jo 19, 39.

compreenderiam muito bem, se vivessem hoje, a vocação dos Supernumerários do Opus Dei.

11b. Assim como entre os primeiros seguidores de Cristo, toda a sociedade de hoje está presente em nossos Supernumerários, e sempre estará: intelectuais e homens de negócios; profissionais e artesãos; empresários e operários; pessoas da diplomacia, do comércio, do campo, das finanças e das letras; jornalistas, homens do teatro, do cinema e do circo, esportistas. Jovens e anciãos. Sãos e enfermos. Uma organização desorganizada, como a própria vida, maravilhosa; especialização verdadeira e autêntica do apostolado, porque todas as vocações humanas — limpas, dignas — se tornam apostólicas, divinas.

Pessoas de todas as condições sociais

Organização desorganizada

11c. Interessam-nos pessoas que procedem de todas as profissões e ofícios, de todas as condições sociais, das mais diversas situações que existem ou possam existir, nesse entrelaçado de serviços mútuos que é a sociedade humana: porque todo esse conjunto de interrelações vivas deve ser penetrado pelo fermento de Cristo.

12a. Notai, meus filhos, que não damos destaque a algumas profissões ou condições sociais em detrimento de outras.[32] O valor que buscamos em

<small>Todas as tarefas cooperam com a obra da redenção</small>

---

(32) «*não damos destaque a algumas profissões ou condições sociais em detrimento de outras*»: São Josemaria apontou como um dos fins específicos do Opus Dei o influxo cristão entre os intelectuais, por sua repercussão no resto da sociedade (cf. José Luis González Gullón e John F. Coverdale, *História do Opus Dei*, Quadrante, São Paulo, 2022, p. 51, nota), mas desde os primeiros anos de sua atividade fundacional ressoa esta afirmação: «Somos para a multidão, nunca viveremos de costas para a massa» (Carta de Josemaria Escrivá a Francisco Morán, Burgos, 4 de abril de

todas elas — sem discriminação, sem mentalidade de classe — é o que têm de serviço à comunidade, de forma que elevamos e engrandecemos até mesmo os ofícios que, aos olhos de alguns, têm pouca consideração social. Todas essas tarefas cooperam para o bem temporal de toda a humanidade e, se forem cumpridas com perfeição e por uma razão sobrenatural — se forem espiritualizadas —, cooperam também

---

1938, em *Camino*, ed. crítico-histórica, *op. cit.*, p. 250; cf. com. ao n. 914, inspirado num apontamento de 12 de outubro de 1931, onde já aparece o tema da «multidão»). Na documentação mais antiga que se conserva, podemos perceber seu desejo de alcançar operários, balconistas, artistas, enfermeiras etc., pessoas de todas as profissões e condições sociais, entre as quais encontrará pessoas dispostas a se incorporar ao Opus Dei. Por exemplo, em *Apontamentos íntimos*, n. 373 (outubro de 1931), lê-se: «Com a ajuda de Deus e a aprovação do padre confessor, em breve tentarei reunir um pequeno grupo de operários seletos». Citado em Cano, *Os primeiros supernumerários*, p. 379.

com a obra divina da redenção, fomentam a fraternidade entre todos os homens, fazendo com que se sintam membros da grande família dos filhos de Deus.

12b. Não tiramos ninguém do seu lugar: ali, nessas circunstâncias em que o Senhor o chamou, cada um deve santificar-se e santificar o seu ambiente, a parcela humana à qual está vinculado, pela qual se justifica sua existência no mundo. Também nisso temos o mesmo sentimento dos primeiros cristãos.

<small>Cada um em seu próprio ambiente</small>

12c. Lembrem-se do que São Paulo escreveu aos fiéis de Corinto: que *cada um permaneça no estado em que foi chamado. Foste chamado na servidão? Não te preocupes e, mesmo que possas te libertar, aproveita tua servidão. Pois aquele que, sendo servo, foi*

> *chamado pelo Senhor é um homem livre do Senhor. E, da mesma forma, aquele que recebeu a chamada sendo livre é um servo de Cristo. Fostes comprados por um grande preço: não vos torneis escravos dos homens. Irmãos, que cada um persevere diante de Deus, na condição em que foi chamado por Ele.*[33]

13a.

Em todos os níveis da sociedade

Em todos os níveis da sociedade, busquem especialmente — com a graça de Deus — vocações para sua Obra entre aquelas pessoas que, pelo seu trabalho, se encontram em centros vitais de convivência humana, naquelas situações que constituem, por assim dizer, elos ou locais de encontro e interseção de densas relações sociais.

---

(33) 1 Cor 7, 20-24.

13b. Não me refiro apenas às posições de liderança de uma comunidade nacional ou superior, a partir das quais — com espírito de serviço — tanto bem pode ser feito a fim de garantir que a sociedade se estruture de acordo com as exigências de Cristo, que são garantia de verdadeira paz e autêntico progresso social.

13c. Refiro-me também — porque interessam tanto ou mais — àquelas funções, profissões ou ofícios que, na esfera das sociedades menores, são, por sua natureza, meios de contato com uma multidão de pessoas, a partir dos quais se pode formar sua opinião de modo cristão, influir em sua mentalidade, despertar sua consciência, com esse constante afã de dar doutrina que deve caracterizar todos os filhos de Deus em sua Obra.

Ajudar a despertar a consciência

13d. Por isso, tenho dito com frequência que interessa — é do interesse de Deus Nosso Senhor — que haja muitas vocações entre as pessoas que são peças-chave nas cidades: pessoas de corporações municipais — secretários municipais, vereadores etc. —, professores, barbeiros, vendedores ambulantes, farmacêuticos, parteiras, carteiros, garçons, empregadas domésticas, jornaleiros, balconistas etc.

13e. Nosso trabalho deve alcançar até o último povoado, porque o afã de amor e paz que nos move impregnará de espírito cristão todas as atividades do mundo, por meio desse trabalho capilar que cuida de conformar de modo cristão as células vivas que formam as comunidades superiores. Não deve haver

Impregnar de espírito cristão todas as atividades do mundo

nenhuma cidade sem algum Supernumerário que irradie *nosso espírito*. E, de acordo com nossa maneira tradicional de fazer as coisas, esse meu filho procurará imediatamente transmitir a outros a sua santa inquietação: e logo haverá um grupo de filhos de Deus em sua Obra que será convenientemente atendido — com as viagens e visitas que se tornarem necessárias, para que não se debilite, mas permaneça vibrante e ativo.

13f. Depois de ter apontado a completa diversidade dos sócios da Obra, compreende-se perfeitamente nossa pluralidade: nas coisas da fé ou nas do espírito do Opus Dei, que são o mínimo denominador comum, podemos falar em termos de *nós;* em todas as outras, em tudo o que é

<small>Denominador comum e numerador libérrimo</small>

temporal e em tudo o que é teologicamente opinável — um numerador imenso e libérrimo —, nenhum dos meus filhos pode dizer *nós*: deveis dizer *eu, tu, ele*.

14a. Sabeis muito bem, meus filhos, que nosso trabalho apostólico não tem uma finalidade especializada:[34] tem todas as especializações, porque está enraizado na diversidade de especializações da própria vida; porque exalta e eleva à ordem sobrenatural,

Extensão do trabalho apostólico

---

(34) «*uma finalidade especializada*»: no campo do apostolado laical, discutiu-se durante anos se era melhor seguir o modelo centralizado e tradicional da Ação Católica, que se orientava para a colaboração dos leigos nas diversas atividades paroquiais, ou o modelo «especializado», que visava a inserção do militante católico nos problemas sociais do ambiente. Este último deu origem aos chamados «movimentos especializados» (juvenis, de operários, de camponeses etc.), como na Ação Católica Italiana (cf. Ernesto Preziosi, *Obbedienti in piedi. La vicenda dell'Azione Cattolica in Italia,* , SEI, Turim, 1996). Na época em

e converte em autêntico trabalho de almas, todos os serviços que uns homens prestam aos outros na engrenagem da sociedade humana.

14b. Nos últimos séculos, os religiosos de vida ativa, procurando aproximar-se do mundo — ainda que sempre de fora —, tentaram especializar seus apostolados e infundir o espírito cristão em certas tarefas humanas: educação, beneficência etc. Um trabalho benemérito, embora muitas vezes não tivesse tanto a finalidade de configurar ou expressar a vocação dos

<small>O trabalho dos religiosos</small>

---

que esta *Carta* foi escrita, esse debate ainda estava vivo na Espanha (cf. Feliciano Montero García, *La Acción Católica y el franquismo. Auge y crisis de la Acción Católica especializada en los años sessenta*, Universidad Nacional de Educación a Distancia, Madri, 2000). Para o Opus Dei, segundo o seu Fundador, qualquer trabalho ou atividade honesta é instrumento de apostolado, e por isso «tem todas as especializações» características da própria vida.

religiosos quanto a de suprir a falta de iniciativa dos cidadãos católicos. Estes, talvez porque sua formação cristã tivesse sido negligenciada, não sentiam a responsabilidade de cristianizar as instituições temporais.

14c. No entanto, os religiosos, nessa tarefa — não específica de sua vocação, mas de suplência —, ao buscar a especialização, viam-se limitados, pois há muitos campos humanos que, mesmo sendo nobres e limpos, são absolutamente incompatíveis com o estado próprio dessas almas, cuja principal missão comum está em oferecer ao mundo — do qual elas se segregaram santamente — o testemunho de sua vida consagrada. Além disso, o laicismo dos últimos tempos — em muitos países, mesmo católicos — está expulsando os religiosos das escolas e instituições

Testemunho de vida consagrada

de caridade, ou — pelo menos — limitando suas atividades não estritamente religiosas.

14d. Com o apostolado da Obra, os leigos, sem suplência de nenhum tipo,[35] mas tomando posse — com consciência plena e responsável — do campo específico que Deus lhes indicou como lugar de sua missão na Igreja, realizam um apostolado cujas possibilidades de especialização são imprevisíveis, uma vez que se confundem com as possibilidades do trabalho

O apostolado da Obra está aberto a todos os campos

---

(35) «*sem suplência de nenhum tipo*»: o Autor quer salientar que o apostolado dos leigos do Opus Dei no mundo é «sua missão na Igreja» e se articula por meio da «vocação profissional secular», como dirá no parágrafo seguinte. Ou seja, não invade e nem se considera melhor ou superior ao apostolado que os religiosos realizam abnegadamente no mundo: é simplesmente diferente, pois não procede de uma vocação para a vida consagrada, mas do Batismo, pelo qual Deus chama todos a serem discípulos missionários de Cristo.

humano e suas funções sociais; e, sem imobilismo, esse apostolado está aberto a todas as mudanças de estrutura que possam ocorrer, ao longo do tempo, na configuração da sociedade.

14e. Não posso, agora, deixar de considerar que é muito difícil que os religiosos se sintam com uma *vocação profissional secular e atual* — se a tivessem, não seriam religiosos — e que formá-los para um trabalho profissional é difícil, caro, *sobreposto* e artificial: penso que somente um número muito pequeno de pessoas poderia, nessas condições, atingir o nível profissional médio das pessoas da rua.

15a. Por essa razão, podemos dizer, meus filhos, que pesa sobre nós a preocupação e a responsabilidade de toda a Igreja Santa — *sollicitudo totius*

<small>Preocupação e responsabilidade por toda a Igreja Santa</small>

Sanctae Ecclesiae Dei —, e não desta ou daquela parcela específica. Secundando a responsabilidade oficial — jurídica, *de iure divino* — do Romano Pontífice e dos Reverendíssimos Ordinários, nós, com uma responsabilidade não jurídica, mas espiritual, ascética, de amor, servimos toda a Igreja com um serviço de caráter profissional, de cidadãos que levam o testemunho cristão do exemplo e da doutrina até os últimos recantos da sociedade civil.

15b. A história demonstra o papel decisivo que, em momentos difíceis para a unidade da Igreja, desempenharam as obras de caráter universal, como as Ordens e as Congregações Religiosas. Nós, com uma vocação que nada tem que ver com a dos religiosos, constituímos uma Associação

Associação de natureza universal

de caráter universal, também com uma hierarquia interna universal, que nos distingue claramente[36] dos chamados *movimentos de apostolado* e nos torna um instrumento coeso e eficaz a serviço da Igreja e do Romano Pontífice.

16a. Vossa eficácia, meus filhos, será consequência de vossa santidade pessoal, que resultará em obras responsáveis, que não se escondem no anonimato. Cristo Jesus, Bom

<small>Santidade pessoal para ser eficaz</small>

---

(36) «*nos distingue claramente*»: na realidade, do ponto de vista sociológico e apostólico, as diferenças com os movimentos são pequenas; a diversidade — para São Josemaria — está aqui na universalidade do fenômeno pastoral e de comunhão que o Opus Dei representa, bem como na universalidade de sua hierarquia interna. No entanto, essa distinção não implica em distanciar-se dos modelos de renovação eclesial que trouxeram consigo muitos dos movimentos atuais, com os quais o Opus Dei compartilha o mesmo desejo de santidade, evangelização e serviço à Igreja, e com os quais mantém laços de comunhão e fraternidade.

Semeador, aperta-nos — como ao trigo — em sua mão chagada, inunda-nos com o seu sangue, purifica-nos, limpa-nos, embriaga-nos! E então, generosamente, lança-nos no mundo, um a um, como devem ir seus filhos do Opus Dei, espalhados: pois o trigo não é semeado a sacos, mas grão a grão.

16b. Vós sois luz no Senhor; comportai-vos, portanto, como filhos da luz. O fruto da luz é todo bondade, justiça e verdade.[37] É inconcebível — seria uma falsidade, uma vida dupla, uma comédia — a vida de um filho meu que não desse frutos abundantes de apostolado. Digo-vos mais uma vez que esse meu filho estaria morto, podre!: *iam foetet*.[38] E eu —

Dar frutos abundantes de apostolado

---

(37) Ef 5, 8-9.
(38) Jo 11, 39.

bem o sabeis — enterro piedosamente os cadáveres.

16c. Por meio do relacionamento individual com vossos colegas de profissão ou ofício, com vossos parentes, amigos e vizinhos, num trabalho que muitas vezes chamei de apostolado de amizade e confidência, vós sacudireis a sonolência deles, abrireis amplos horizontes para a sua existência egoísta e aburguesada, complicareis suas vidas, fazendo-os esquecer de si mesmos e compreender os problemas dos que estão ao seu redor. E tendes a certeza de que, ao complicar suas vidas, vós os levais — já o experimentastes — ao *gaudium cum pace*, à alegria e à paz.

16d. Esse apostolado pessoal — que não é um trabalho anárquico, porque nele vós seguis as orientações doutrinais

Imagem dos primeiros cristãos

ou práticas de vossos Diretores —, se o realizardes com constância, criará um ambiente sereno ao vosso redor, e reproduzireis em vossas casas a imagem daquelas casas dos primeiros fiéis cristãos.

16e. No exercício desta obra apostólica individual, procurais aproximar as pessoas com quem vos relacionais dos meios coletivos de formação espiritual e doutrinal que a Obra organiza — retiros espirituais, conferências, círculos etc. — e da direção espiritual com os nossos sacerdotes: porque esses meios são eficacíssimos — necessários — para completar o atendimento dessas almas de que cada um de vós cuida, servindo-se da vossa vida profissional, do lugar que ocupais no mundo, da vossa situação familiar;

Tudo é meio de apostolado

servindo-se de tudo, porque tudo é meio de apostolado.

17a. Mas vós não podeis parar por aí. Não podeis ficar satisfeitos quando já tiverdes levado alguns de vossos parentes ou amigos a um retiro espiritual, ou quando os tiverdes colocado em contato com algum sacerdote da Obra. Vosso trabalho apostólico não termina aí. Porque é preciso perceber também que realizais um apostolado fecundíssimo quando vos esforçais por orientar com sentido cristão as profissões, as instituições e as estruturas humanas nas quais vós trabalhais e vos moveis.

> Orientar as estruturas humanas com sentido cristão

17b. Garantir que essas instituições e essas estruturas estejam em conformidade com os princípios que regem uma concepção cristã da vida é realizar um apostolado de base muito ampla, porque — ao encarnar desse modo o espírito de justiça — vós garantis aos homens os meios para que vivam de acordo com a sua dignidade e facilitais para muitas almas que, com a graça de Deus, possam responder pessoalmente à vocação cristã.

17c. Quando me ouvirdes falar de justiça, não entendais essa palavra em sentido estrito, porque — para que os homens sejam felizes — não basta estabelecer suas relações baseados na justiça, que dá a cada um o que é seu com frieza: falo-vos de caridade, que pressupõe e ultrapassa a justiça; e da caridade de Cristo, que não é caridade oficial, mas carinho.

Justiça e caridade

18a. Portanto, ao atuar em sociedade, evitai sempre confrontar uns homens com os outros, porque um

Semeando paz e amor

cristão não pode ter uma mentalidade de *classe*, de casta; vós não afundais uns para elevar outros, pois nessa atitude sempre se esconde uma concepção materialista: dai a todos a oportunidade de que desenvolvam a própria personalidade e elevem a própria vida por meio do trabalho; e não vos conformeis em evitar o ódio, porque o nosso denominador comum deve ser o de semear paz e amor.

18b. Ao empreenderdes vosso trabalho, seja ele qual for, fazei, meus filhos, um exame para verificar, na presença de Deus, se o espírito que inspira essa tarefa é de fato um espírito cristão, tendo em vista que a mudança das circunstâncias históricas — com as modificações que ela introduz na configuração da sociedade — pode fazer com que aquilo que era justo e bom em determinado momento deixe de sê-lo. Por isso, essa crítica construtiva deve ser incessante em vós, impossibilitando a ação paralisante e desastrosa da inércia.

19a. Devemos conquistar para Cristo todo valor humano nobre: *estai atentos a tudo o que seja verdadeiro, honrado, justo, puro, amável, virtuoso e digno de louvor.*[39] Devemos levar imediatamente a Deus qualquer realidade que apareça na vida dos homens, descobrindo seu significado divino. Por isso, como repeti tantas vezes, é necessário que nunca percais o ponto de mira sobrenatural. *Tudo o que fizerdes de palavra ou obra, fazei tudo em nome do Senhor*

<small>Descobrir o sentido divino da realidade</small>

---

(39) Fl 4, 8.

Jesus, dando graças a Deus Pai por meio Dele.[40]

19b. Sempre de acordo com as estruturas temporais, sempre atualizados, vós nunca necessitareis — como se diz hoje em dia — de *aggiornamento*, pois terão a todo momento uma esperança compreensiva e responsável para com o mundo de todas as épocas, exigindo que sejam afirmados os valores da liberdade, da dignidade da pessoa, sempre com desejo de unidade e de amor nesse serviço.

19c. Quis o Senhor que, com a nossa vocação, manifestássemos aquela visão otimista da criação, aquele *amor ao mundo* que palpita no cristianismo. Nunca deve faltar entusiasmo em vosso trabalho e em

<small>Amor ao mundo que palpita no cristianismo</small>

---

(40) Cl 3, 17.

vosso esforço por construir a cidade temporal, ainda que, ao mesmo tempo, como discípulos de Cristo *que crucificaram a carne com suas paixões e concupiscências,*[41] vós procureis manter vivo o sentido do pecado e da reparação generosa diante do falso otimismo daqueles que, *inimigos da cruz de Cristo,*[42] fundamentam tudo no progresso e nas energias humanas.

19d. Eles cometem o grande pecado de esquecer o pecado, que alguns até pensam já terem eliminado. Não consideram que faz parte da economia redentora que o grão de trigo, para ser fértil, deva afundar-se na terra e morrer.[43] *O fim desses homens*

<small>Sem esquecer do pecado</small>

---

(41) Gl 5, 24.
(42) Fl 3, 18
(43) Cf. Jo 12, 24.

será a perdição, seu Deus é o ventre, e a confusão será a glória daqueles que têm o coração voltado para as coisas terrenas. Porque nós somos cidadãos do céu, de onde esperamos o Salvador e Senhor Jesus Cristo, que transfigurará a miséria do nosso corpo à imagem de seu corpo glorioso, em virtude do poder que tem de subjugar todas as coisas a Si.[44]

20a. Com esse sentido de profunda humildade — forte em nome de nosso Deus, e não nos recursos dos nossos carros de combate e dos nossos cavalos[45] —, estai presentes *sem medo* em todas as atividades e organizações dos homens, a fim de que Cristo nelas esteja presente. Eu apliquei ao nosso modo de

Presentes em todas as atividades dos homens

---

(44) Fl 3, 19-21.
(45) Cf. Sl 20[19], 8.

trabalhar estas palavras das Escrituras: *ubicumque fuerit corpus, illic congregabuntur et aquilae*,[46] porque Deus Nosso Senhor nos pediria contas estritas se, por descuido ou comodismo, cada um de vós, livremente, não procurasse intervir nas obras e decisões humanas, das quais dependem o presente e o futuro da sociedade.

20b. É muito própria da nossa vocação a intervenção prudente — e, quando digo prudente, não digo tímida —, ativa e discreta, da maneira como atuam os anjos, que têm uma ação invisível mas eficacíssima, nas diversas associações e corporações — públicas ou não — de âmbito local, nacional ou internacional.

<small>Atuação prudente e nada tímida</small>

---

(46) Mt 24, 28. «Onde está o cadáver, ali se reunirão os abutres.»

20c. Não podeis estar ausentes — seria uma omissão criminosa — das assembleias, congressos, exposições, reuniões de cientistas ou de operários, programas de estudo; numa palavra, de todas as iniciativas científicas, culturais, artísticas, sociais, econômicas, esportivas etc. Às vezes, promovendo-as vós mesmos; na maior parte das vezes, elas terão sido organizadas por outros, e vós participareis. Seja como for, esforçar-vos-ei para não as assistir passivamente, mas sentindo a carga — amável carga — de vossa responsabilidade, procurando que vos torneis necessários — por seu prestígio, por sua iniciativa, por seu impulso —, de maneira a lhes dar o tom conveniente e infundir o espírito cristão em todas essas organizações.

Promover todo tipo de organizações

21a. Individualmente, sem formar um grupo — é impossível que o façais, pois todos e cada um gozam de liberdade ilimitada em tudo o que é temporal —, participai ativa e efetivamente em associações oficiais ou privadas, porque elas nunca são indiferentes ao bem temporal e eterno dos homens. Até mesmo uma sociedade de caçadores ou de colecionadores, só para dar um exemplo, pode ser utilizada para se fazer muito bem ou muito mal: tudo depende dos homens que as governem ou inspirem.

E participar individualmente em associações oficiais e privadas

21b. Embora, como vos disse, vós trabalheis nesses terrenos individualmente — com liberdade e responsabilidade pessoais —, sabei que prestais um serviço a Deus, nosso Senhor, ao formar ao vosso redor outros irmãos — orientando-os; sem distorcer, como é lógico, suas próprias inclinações — que possam vir a substituir-vos ou suceder-vos, de modo que nunca, por falta de um de vós, fique a descoberto uma parcela do campo.

22a. Assim atuaram os primeiros cristãos. Eles não tinham, em razão de sua vocação sobrenatural, programas sociais ou humanos a cumprir; estavam, no entanto, embebidos de um espírito, de uma concepção da vida e do mundo, que não podia deixar de ter consequências na sociedade em que se moviam.

<small>Assim atuaram os primeiros cristãos</small>

22b. Com um apostolado pessoal semelhante ao nosso, foram fazendo prosélitos, e durante o cativeiro Paulo já enviava às igrejas as saudações dos cristãos que viviam na *casa do*

<small>Apostolado pessoal</small>

> *César.*[47] Não vos comoveis com aquela carta encantadora que o Apóstolo dirige a Filêmon e que é um testemunho vivo de como o fermento de Cristo — sem assim o pretender diretamente — deu novo sentido, pelo influxo da caridade, às estruturas da sociedade heril?[48]

22c. *Somos de ontem e já enchemos o orbe e todas as vossas coisas: as cidades, as ilhas, as aldeias, os municípios, os conselhos, os próprios acampamentos, as tribos, as decúrias, o palácio, o senado, o fórum: só vos deixamos os vossos templos*, escrevia — pouco depois de um século —Tertuliano.[49]

---

(47) Fl 4, 22.

(48) Cf. Flm 8-12; Ef 6, 5ss.; Cl 3, 22-25; 1 Tm 6, 1-2; 1 Pe 2, 18ss.

(49) Tertuliano, *Apologeticum*, 37, 4 (*Fontes Christiani* 62, ed. Tobias Georges, Friburgo; Basileia; Viena, Herder, 2015, p. 230).

23a. Meus filhos, enchei-vos de esperança e de ânimo: sem pausa, *trabalhemos pela paz e por nossa mútua edificação.*[50] *Não devolvais o mal pelo mal; procurai fazer o bem, não só diante de Deus, mas também diante de todos os homens. Se possível, e na medida em que dependa de vós, tende paz com todos.*[51]

Cheios de esperança e de ânimo

23b. Lembrai-vos muitas vezes, para que vos sirva de incentivo, da queixa do Senhor: *filii huius sæculi prudentiores filiis lucis in generatione sua sunt*; os filhos das trevas são mais prudentes que os filhos da luz. Palavras duras, mas muito exatas, porque, infelizmente, cumprem-se todos os dias.

Os filhos das trevas e os filhos da luz

---

(50) Rm 14, 19.
(51) Rm 12, 17-18.

23c. Enquanto isso, os inimigos de Deus e de sua Igreja mexem-se e se organizam. Com uma constância *exemplar*, preparam seus quadros, mantêm escolas onde treinam dirigentes e agitadores e, com uma ação dissimulada — porém eficaz —, propagam suas ideias e levam aos lares e aos locais de trabalho sua semente destruidora de toda ideologia religiosa.

23d. Hoje, meus filhos, o marxismo — em suas diferentes formas — está ativo: sistematicamente, tenta dar fundamento científico ao ateísmo e, com uma propaganda incessante, não tanto clamorosa quanto individual, critica toda insinuação de religião e, configurando-se como uma fé e uma esperança terrenas, deseja substituir a verdadeira Fé e a verdadeira Esperança.

Marxismo

23e. Não compreendo essas pessoas que se dizem católicas e que abrem os braços ao marxismo — tantas vezes condenado pela Igreja como incompatível com sua doutrina —, que apertam as mãos dos inimigos de Deus e tratam como inimigos os católicos que não pensam como eles. O católico que maltrata outros católicos e trata com aparente caridade os que não o são erra gravemente, erra contra a justiça, encobrindo o seu erro com uma falsa caridade. Porque, se a caridade não for ordenada, deixa de ser caridade.

Aqueles que dão a mão aos inimigos de Deus

24a. Meus filhos, do inimigo o conselho.[52] Estai avisados, sede prudentes

---

(52) «*do inimigo o conselho*»: refrão popular que convida a não seguir a recomendação de quem busca o nosso mal, por mais razoável e oportuno que pareça. O tema figura na fábula do leão e da cabra atribuída a Esopo e foi retomado por outros autores, como Félix

e não adormeçais: *hora est iam nos de somno surgere*,[53] é hora de sacudir a preguiça e a sonolência. Não vos esqueçais de que certos lugares na terra que noutros tempos foram testemunhas de igrejas florescentes são agora um terreno baldio, onde não se pronuncia o nome de Cristo. Seria comodismo tentar justificar esse fracasso pensando que está nos planos divinos escrever reto por

---

María Samaniego (1745-1801), em que se recolhe textualmente o dito que cita Escrivá. Nessa fábula (XXIII, livro V), louva-se a prudência de um cão que evitou ser devorado ao descobrir a insídia que escondia a sugestão de um tortuoso crocodilo: «*Oh, que douto Cão velho!/ Eu admiro o seu sentir/ Nisto de não seguir/ Do inimigo o conselho*» (Félix María Samaniego, *Fábulas en verso castellano para el uso del Real Seminario Bascongado*, Salamanca, impresso por Dom Vicente Blanco, 1830, p. 136). Curiosamente, no § 35b desta mesma *Carta*, Escrivá o usa de novo, mas com um sentido oposto, como que dando a entender que também alguém que não pensa como nós pode expressar uma verdade aproveitável.

(53) Rm 13, 11.

linhas tortas e que, no final, a causa de Deus sempre triunfa. É verdade que Cristo triunfa sempre, mas, muitas vezes, apesar de nós.

24b. Sem espírito belicoso ou agressivo, *in hoc pulcherrimo caritatis bello*, com uma compreensão que acolhe a todos e colabora com todos os homens de boa vontade — também com os que não conhecem ou não amam Jesus Cristo, sem transigir com os erros que professam —, não vos esqueçais de que o Senhor disse: *não penseis que vim trazer paz à terra; não vim trazer a paz, mas a espada*.[54] É muito fácil prestar atenção apenas à mansidão de Jesus e deixar à margem — porque perturbam o conforto e o conformismo — as

---

(54) Mt 10, 34.

palavras, também divinas, com as quais Ele nos estimula a complicar nossas vidas.

25a.

Defesa da verdade, afogando o mal em abundância de bem

Nós os homens não gostamos, em geral, de dizer e sustentar a verdade, uma vez que é mais cômodo tentar ser aceitos por todos, não correr o risco de desagradar alguém. Nossa atitude deve ser, meus filhos, de compreensão, de amor. Nossa atuação não se dirige contra ninguém, nunca pode ter matizes de sectarismo: esforçamo-nos por afogar o mal em abundância de bem. Nosso trabalho não é trabalho negativo: não é *antinada*. É afirmação, juventude, alegria e paz. Mas não às custas da verdade.

25b.

Pensar por conta própria

Por cultivarmos a livre personalidade de cada um, os filhos de Deus em sua Obra somos pessoas que sabem pensar por conta própria, que não aceitam, sem mais, os clichês, os lugares-comuns que causam furor — que estão na moda — por um certo tempo. Nossa formação ensina-nos a realizar um trabalho de triagem, que aproveita o que é bom e deixa de lado o resto. Muitas vezes teremos de ir — fomos quase sempre — contra a corrente, abrindo canais e caminhos novos. Não por desejo de originalidade, mas por lealdade a Jesus Cristo e à sua doutrina. Fácil é deixar-se levar, mas as posturas fáceis também são muitas vezes atitudes que demonstram falta de responsabilidade.

25c. É verdade que deveis viver, em todos os momentos, entre as pessoas do vosso tempo, de acordo com sua mentalidade e seus costumes, mas sempre prontos a dar razão de vossa esperança[55] em Jesus Cristo; não vá acontecer que, porque não precisais vos adaptar — já que estais no meio de vossos iguais —, não se possa distinguir que sois discípulos do Senhor. Quanto sentimentalismo, medo, covardia há em certas ânsias de adaptação!

26a. Filhos da minha alma, não vejais por trás das minhas palavras mais do que um amor muito grande por todos os homens, um coração aberto a todas as suas inquietações e problemas, uma compreensão imensa, que nada sabe de discriminações ou exclusivismos. E entendei que não é o medo — porque não temos medo de nada nem de ninguém, nem de

Compreensão sem discriminação nem exclusivismo

---

(55) 1 Pe 3, 15.

Deus que é nosso Pai —, mas o sentimento da responsabilidade de que um dia haveremos de prestar contas ao Senhor da nossa missão corredentora, o que nos impele — *caritas enim Christi urget nos*[56] — a não desmaiar, a nos encontrarmos sempre insatisfeitos com as etapas adquiridas, a não descansarmos em nossos louros!

26b. *Sem frouxidão, fervorosos de espírito*[57], aproveitai o tempo[58], porque a vida é breve: *enquanto há tempo, façamos o bem a todos, especialmente aos irmãos na fé.*[59] Enchei de amor este pobre mundo nosso, porque ele é nosso: é obra de Deus,

---
(56) 2 Cor 5, 14.
(57) Rm 12, 11.
(58) Cf. Ef 5, 15-16.
(59) Gl 6, 10.

e Ele no-lo deu em herança: *dabo tibi gentes hereditatem tuam et possessionem tuam terminos terrae.*[60] Tende em conta que o possível faz qualquer um, e Deus Nosso Senhor nos pede — e nos dá sua graça para consegui-lo — que façamos coisas que parecerão impossíveis.

27a. Não permaneceis em idealismos: sede realistas. Enxergais coisas assaz grandes, tanto campo para trabalhar, tanto labor e tantas possibilidades, e pode acontecer que, depois de contemplá-los, fiqueis satisfeitos e vos esqueçais das coisas concretas — *hodie, nunc* — que hão de tornar possível que tudo isso chegue a tornar-se realidade um dia.

---

(60) Sl 2, 8.

27b. No meio desta formosíssima luta, permanecei serenos. As inquietações emaranhadas são perniciosas. *Corripite inquietos,*[61] advertia Paulo à comunidade cristã de Tessalônica. *Porque ouvimos* — dizia-lhes — *que alguns vivem entre vós na ociosidade, sem fazer nada, ocupados em se intrometer em tudo.*[62] E dava-lhes o único remédio, que não é outro senão o cumprimento do dever: quando fazemos o que temos de fazer e estamos no que fazemos, transformamos em realidade os grandes projetos de Deus. *A esses* — continuava o Apóstolo — *ordenamos e rogamos, pelo amor do Senhor Jesus Cristo,*

Serenos

---

(61) 1 Ts 5, 14.
(62) 2 Ts 3, 11.

que, trabalhando com serenidade, comam seu pão.[63]

28a.

Cristo no cume de todas as atividades humanas

Quanto espera o Senhor de vosso trabalho constante, vibrante e cheio de entusiasmo — mesmo que sem vibração e entusiasmo sensíveis, muitas vezes —, com o qual procurais cristianizar todas as atividades do mundo: colocar Cristo no cume de todas as atividades humanas!

28b.

Trabalho das Supernumerárias

Esse trabalho é particularmente próprio dos meus filhos e, também, das minhas filhas Supernumerárias, tão fortes — às vezes mais do que os homens — em levar o sal e a luz de Cristo aos ambientes em que atuam: ao lar e à vida de relacionamento social, bem como ao exercício das mais variadas profissões.

---

(63) 2 Ts 3, 12.

28c. Tornai a ler aquela passagem do Antigo Testamento em que Judite muda a vontade do povo e de seus líderes, dispostos a entregar a cidade aos exércitos inimigos. *Chegaram aos ouvidos de Judite* — diz o texto sagrado — *as desatinadas palavras que o povo havia dirigido ao chefe... e convocou os anciãos da cidade, Ocías, Cabris e Carmis, e, quando estes chegaram, disse-lhes: escutai-me, príncipes da cidade de Betúlia. Não é certo o que dissestes hoje ao povo... Quem sois vós para tentar a Deus, os que estais constituídos no lugar de Deus no meio dos filhos dos homens? Pretendeis colocar à prova Deus onipotente? Nunca acabareis de aprender?*[64] Trata-se de uma repreensão cheia de energia e audácia, e que é

---

(64) Jdt 8, 9-13.

um expoente do que a mulher sobrenatural e valente, fiel à própria consciência, pode influenciar no curso da vida pública — normalmente de um modo calado, discreto e muito eficaz — quando se trata de defender os interesses de Cristo. Não deixeis de meditar também na força de Maria Santíssima e daquelas santas mulheres que permaneceram íntegras e firmes aos pés da cruz, quando os homens haviam desertado, na hora da covardia geral.

<small>Fortaleza de Maria Santíssima</small>

28d. Minhas filhas e filhos, se mantiverdes este bom espírito, poderá aplicar-se a vós o que o livro dos Atos diz hoje dos Apóstolos de Jesus: *pelas mãos dos Apóstolos muitos milagres e prodígios se realizavam no povo.*[65]

---

(65) At 5, 12.

Serão — os vossos — milagres sem espetáculo, mas tende a certeza de que serão verdadeiros milagres.

29a. Todos vós, no exercício de vossas profissões, em vossa vida pública e, geralmente, em tudo o que é temporário, atuais com liberdade e responsabilidade pessoal, formando vossas opiniões sempre de acordo com os ditames de vossa consciência, mas com uma diversidade maravilhosa. Vós não comprometeis — não podeis comprometer — nem a Igreja nem a Obra, porque tendes *mentalidade totalmente laical* e, portanto, amiga de uma liberdade que não é limitada por outras restrições além daquelas que são marcadas pela doutrina e a moral de Jesus Cristo.

Liberdade e responsabilidade pessoal

29b. O fim e os meios da Obra de Deus não são temporais: são plena e exclusivamente sobrenaturais, espirituais. A Obra está à margem, é alheia aos interesses humanos, políticos, econômicos etc. É, por sua natureza, transcendente à sociedade terrena e nunca poderá, portanto, estar ancorada numa determinada cultura, nem ligada a circunstâncias políticas específicas, nem vincular-se a determinada época da história humana.

A Obra não tem interesses humanos

29c. Às vezes, o Opus Dei, como corporação, promove tarefas e iniciativas apostólicas. São tarefas — de ensino, de propaganda cristã, assistenciais etc. — conhecidas por todos e abertas a todos, incluindo não católicos e não cristãos, e realizadas nos termos indicados pelas

Os labores corporativos não são atividades eclesiásticas

leis civis de cada país. Esses labores corporativos não constituem uma atuação eclesiástica, uma vez que são clara e simplesmente atividades profissionais dos cidadãos, embora com entranhas e fins apostólicos.

30a. Mas o fato de que a nossa Obra seja completamente alheia aos interesses da sociedade terrena, às empresas de ordem econômica ou social, às atividades políticas etc. não significa que permaneça indiferente ao espírito — ou à falta de espírito — que anima as instituições da cidade temporal. Estamos interessados em garantir que os cidadãos estejam claramente conscientes de suas obrigações cívicas, que as cumpram com os critérios humanos corretos e com um sentido cristão da vida.

<small>Consciência cristã ao viver as obrigações cívicas</small>

30b.

Catecismo da Doutrina Cristã

Tenho dito muitas vezes que, no Catecismo da Doutrina Cristã que se ensina às crianças, deveriam ser incluídas algumas perguntas e respostas em que esses deveres fossem compilados, de modo que, desde a infância, ficasse gravado em suas inteligências que são preceitos divinos e, mais tarde, ao se tornarem adultos, elas sentissem em consciência a responsabilidade de os cumprir.

31a.

Anticlericalismo saudável

Às vezes, essa distinção que o Senhor fez entre as coisas de Deus e as coisas de César é mal compreendida.[66] Cristo distinguiu os campos de jurisdição de duas autoridades: a Igreja e o Estado, e assim advertiu quanto aos efeitos nocivos do cesarismo e do clericalismo. Ele

---

(66) Cf. Mt 22, 21.

estabeleceu a doutrina de um anticlericalismo saudável, que é amor profundo e verdadeiro ao sacerdócio — dá pena que a elevada missão sacerdotal seja rebaixada e aviltada ao se imiscuir em questões terrenas e mesquinhas —, e estabeleceu a autonomia da Igreja de Deus e a legítima autonomia da sociedade civil, quanto ao seu regime e estruturação técnica.

31b. Mas a distinção feita por Cristo não significa, de forma alguma, que a religião deva ser relegada ao templo — à sacristia —, nem que a ordenação dos assuntos humanos deva ser feita à margem de toda a lei divina e cristã. Porque isso seria a negação da fé de Cristo, que exige a adesão de todo o homem, alma e corpo; indivíduo e membro da sociedade.

A mensagem de Cristo ilumina toda a vida

31c. A mensagem de Cristo ilumina a vida integral dos homens, o seu princípio e o seu fim, e não apenas o estrito campo de algumas práticas subjetivas de piedade. E o laicismo é a negação da fé com obras, da fé que sabe que a autonomia do mundo é relativa e que tudo neste mundo tem como sentido último a glória de Deus e a salvação das almas.

32a. Por esse motivo, vós entendereis que a Obra — tal como a Igreja, da qual ela é um órgão vivo — está interessada na sociedade humana, pois nela há direitos inalienáveis de Cristo que devem ser protegidos. E isso a tal ponto que se pode dizer que todo o apostolado do Opus Dei se reduz a *dar doutrina*, a fim de que todos os seus membros e as pessoas que se aproximam de sua formação

Direitos inalienáveis de Cristo

exerçam individualmente — como cidadãos — uma ação apostólica de caráter profissional, santificando a profissão, santificando-se na profissão e santificando os outros com a profissão.

32b. Afirmei repetidas vezes que a Obra não costuma atuar externamente: é como se não existisse. São os seus membros que, respeitando as leis civis de cada país, trabalham dentro delas. A atividade do Opus Dei visa sobretudo dar aos seus membros uma intensa formação espiritual, doutrinal e apostólica.

32c. O trabalho da Obra é como uma grande catequese, como uma imensa direção espiritual que ilustra, aconselha, move, estimula e alenta a consciência de muitas almas, para que não fiquem aburguesadas,

O trabalho da Obra é uma grande catequese

mantenham viva sua dignidade cristã, exerçam seus direitos e cumpram os deveres de cidadãos católicos responsáveis.

33a. Minhas filhas e filhos Supernumerários, a formação que o Opus Dei vos dá é flexível: adapta-se, como a luva na mão, à situação pessoal e social de cada um. Deveis ser muito claros, na direção espiritual, a fim de expor as circunstâncias concretas de vosso trabalho, da família, das obrigações sociais, porque, sendo em nós único o espírito e únicos os meios ascéticos, eles podem e devem realizar-se em cada caso sem rigidez.

<small>Formação dos Supernumerários</small>

33b. Falai sinceramente com vossos Diretores, a fim de que a liberdade e a paz de vosso espírito nunca sejam perturbadas diante das dificuldades que vierdes a encontrar — muitas

<small>Sinceridade e simplicidade</small>

vezes imaginárias — e que sempre têm solução. Tende presente que a formação espiritual que recebemos é o oposto da complicação, do escrúpulo, do constrangimento interior: o espírito da Obra nos dá liberdade de espírito, simplifica nossa vida, impede que sejamos retorcidos, emaranhados; faz com que nos esqueçamos de nós mesmos e que nos preocupemos generosamente com os outros.

33c. Para receber a formação, só excepcionalmente deveis ir às casas em que os Numerários têm a vida em família: é mais discreto que vos encontreis com os Diretores e Zeladores em vossos locais de trabalho, em vossas casas, na rua, que é o lugar onde o Senhor nos chamou. E, para receber a formação coletiva, não é nada indiscreto ir à sede de uma de nossas obras corporativas, que têm as portas e janelas escancaradas, porque estão abertas a todas as almas.

34a. A Obra, juntamente com a formação ascética, vos oferece uma sólida formação doutrinal que é parte integrante desse denominador comum — ar de família — de todos os filhos de Deus em seu Opus Dei. Vós necessitais dessa base de ideias claras sobre os temas fundamentais a fim de poder iluminar tantas inteligências e defender a Igreja dos ataques que às vezes recebe de todos os lados: ideias claras sobre as verdades dogmáticas e morais; sobre as exigências da família e do ensino cristão; sobre os direitos ao trabalho, ao descanso, à propriedade

<small>Formação ascética e formação doutrinal</small>

privada etc.; sobre as liberdades fundamentais de associação, de expressão etc. Desta forma, sereis capazes de experimentar com alegria a verdade daquelas palavras: *veritas liberabit vos*[67], porque a verdade vos dará alegria, paz e eficácia.

34b. Nas Convivências anuais — que vos ajudam a conservar o fervor primitivo, a melhorar vossa cultura religiosa e a fortalecer-vos para o apostolado —, nos Círculos de Estudo, nas conferências, nos cursos especializados etc., recebeis doutrina abundante com assiduidade, ao mesmo tempo que sois informados sobre as questões candentes da atualidade, abordadas com critério cristão. Completais essa formação

---
(67) Jo 8, 32.

com leituras, pois sempre haverá bibliotecas circulantes à vossa disposição, das quais podeis participar como assinantes, tentando inscrever também outras pessoas que não pertencem à Obra.

34c. Esforçai-vos muito por assimilar a doutrina que vos é dada, para que não fique estagnada; e senti a necessidade e o dever alegre de levar a outras mentes a formação que recebeis, a fim de que frutifique em boas obras, cheias de retidão, também no coração dos outros.

34d. Pelo que acabei de dizer, é absolutamente necessário que os governos locais que servem aos Supernumerários tenham dedicação ao trabalho, porque nenhum deles — nenhum dos meus filhos — deve se sentir sozinho; e sua formação deve ser cuidadosamente planejada durante as épocas de férias e períodos de isolamento.

34e. Aqueles meus filhos aos quais são confiados o governo e a direção de seus irmãos muitas vezes terão de renunciar ao brilho de um trabalho pessoal para, como silhares ocultos, estabelecer as bases de um trabalho de muito maior alcance. E não devem esquecer que essas atividades de governo e formação, bem como as daqueles outros que se dedicam inteiramente aos nossos apostolados corporativos, também são sempre um trabalho profissional.

35a. A Obra forma os seus membros para que cada um deles — com liberdade pessoal — atue de modo cristão no exercício de sua profissão, no meio do mundo. Em questões temporais,

<small>Plena liberdade em questões temporais</small>

os Diretores da Obra nunca poderão impor uma opinião: cada um de vós — repito — vos comportais com plena liberdade, de acordo com os ditames de vossa consciência bem formada.

35b. Em 1939, recém-acabada a guerra civil espanhola, dirigi um retiro espiritual, nas proximidades de Valência, que se realizou na escola de uma fundação privada que havia sido utilizada, durante a guerra, como quartel comunista. Num dos corredores, encontrei um grande cartaz, escrito por alguém que *não era conformista*, em que se lia: *cada caminhante siga seu caminho*. Quiseram tirá-lo, mas eu lhes impedi: *deixai-o* — disse-lhes —, *eu gosto: do inimigo o conselho*.[68] Sobretudo desde então, essas

<small>Cada caminhante siga seu caminho</small>

---

(68) «*do inimigo o conselho*»: veja-se nota a 24a.

palavras me serviram muitas vezes como tema de pregação. Liberdade: cada caminhante siga seu caminho. É absurdo e injusto tratar de impor a todos os homens um critério único em questões em que a doutrina de Jesus Cristo não coloca limites.

35c. Liberdade absoluta em tudo o que é temporal, porque não existe uma fórmula cristã única para ordenar as coisas do mundo: há muitas fórmulas técnicas para resolver problemas sociais, científicos, econômicos, políticos; e todas serão cristãs, desde que respeitem esses princípios mínimos que não podem ser abandonados sem violar a lei natural e os ensinamentos evangélicos.

Não se pode impor um critério único em questões temporais

35d. Liberdade no que é temporal e também na Igreja, meus filhos. Sou muito anticlerical — com esse

Monopólios sob pretexto de unidade

anticlericalismo saudável, do qual falo tantas vezes —, e quem tiver o meu espírito também o será. Com demasiada frequência, nos ambientes clericais — que não têm o bom espírito sacerdotal —, organizam-se monopólios com pretextos de unidade; trata-se de encerrar as almas em grupinhos; atenta-se contra a liberdade das consciências dos fiéis — que devem buscar a direção e a formação de suas almas onde julgarem mais adequado e com quem preferirem — e multiplicam-se preceitos negativos desnecessários — já seria muito que se cumprissem os mandamentos de Deus e da Igreja —, os quais se impõem psicologicamente a quem tem de cumpri-los.

36a. Liberdade, meus filhos. Não espereis jamais que a Obra vos dê palavras de ordem temporais. Não teria o meu espírito aquele que pretendesse violentar a liberdade que a Obra concede aos seus filhos, atropelando a personalidade própria de cada um dos filhos de Deus no Opus Dei.

36b. Sois vós — livremente — que deveis estar sensibilizados pela formação recebida, de tal forma que reajais espontaneamente perante os problemas humanos, as circunstâncias sociais incertas que precisam ser encaminhadas com critérios retos. Cabe a vós, com vossos concidadãos, correr corajosamente esse risco de procurar soluções humanas e cristãs — aquelas que vejais em consciência: não existe uma única — para as questões temporais que surjam em vosso caminho.

36c.

Falso paternalismo

Porque ficaríeis esperando em vão que a Obra vo-las desse prontas: isso não aconteceu, nem acontece, nem poderá jamais acontecer, porque é contrário à nossa natureza. A Obra não é *paternalista*, embora essa palavra seja ambígua, e portanto refiro-me ao sentido pejorativo. Os Diretores confiam na capacidade de reação e iniciativa que tendes: não vos conduzem pela mão. E, na ordem espiritual, eles têm em relação a vós sentimentos de paternidade, de maternidade!, de *bom paternalismo*.

36d.

Não formamos um grupo de pressão

Portanto, é impossível que formemos, no seio da sociedade, o que hoje é chamado de grupo de pressão, pela própria liberdade de que desfrutamos no Opus Dei: pois, no momento em que os Diretores manifestassem um critério específico em coisa temporal, os outros membros da Obra que pensam diferente se rebelariam legitimamente, e eu me veria no triste dever de abençoar e elogiar aqueles que se recusassem categoricamente a obedecer — estes deveriam levar o assunto ao conhecimento dos Diretores Regionais, ou do Padre, o mais rápido possível — e repreender com santa indignação os Diretores que pretendessem fazer uso de uma autoridade que não podem ter. Também seriam dignos de grave repreensão aqueles meus filhos que — em nome de sua própria liberdade — pretendessem limitar a legítima liberdade de seus irmãos, tentando impor um critério pessoal em assuntos temporais ou opináveis.

36e. Aqueles que se obstinam em não ver essas coisas com clareza e em inventar segredos, os quais nunca existiram e nunca serão necessários, certamente o fazem *ex abundantia cordis*, porque eles mesmos agem dessa maneira. E eles nunca poderão, como nós, manter a cabeça erguida e olhar nos olhos dos outros com uma luz clara: porque nós não temos nada a esconder, ainda que cada um tenha suas misérias pessoais, contra as quais luta em sua vida interior.

37a. Acontece que alguns, nestes trinta e um anos, olharam com ciúmes para o nosso trabalho; outros, com pouca simpatia, uma vez que não têm simpatia pela Igreja, a qual servimos para o bem de todos os homens; não faltaram alguns — poucos, felizmente — que, devido à

<small>Pessoas que não entendem o nosso trabalho</small>

sua mentalidade clerical, não foram capazes de entender o trabalho essencialmente laical de meus filhos; houve também outros que não souberam ou não quiseram lembrar que Deus Nosso Senhor concede sua graça — graça específica — às almas que se dedicam a Ele, e para explicar a intensidade, extensão e eficácia dos apostolados da Obra inventam causas humanas, totalmente falsas, uma vez que seus fins são sobrenaturais e os meios que empregamos também são exclusivamente espirituais, sobrenaturais: oração, sacrifício e trabalho santificado e santificante.

37b. Há alguns que não são capazes de respeitar e compreender a liberdade pessoal dos outros, que parecem insensíveis a compreender que os membros do Opus Dei têm uma finalidade comum, a qual é somente de caráter espiritual, e que só estão de acordo quanto a essa finalidade; que são cidadãos livres em questões temporais, assim como os outros leigos — seus concidadãos — e devem viver fraternalmente com todos.

37c. Algumas dessas pessoas — dizia — procedem de ambientes fechados de sacristia e estão acostumadas a ver que as pessoas religiosas geralmente expressam suas opiniões de acordo com *a escola da respectiva família religiosa* ou de acordo com *a maneira de pensar de seus Superiores*; e quiseram assim, *com esse preconceito de mentalidade clerical*, colocar no Opus Dei, ou em mim pessoalmente, um rótulo de monárquico ou republicano — isso quando não me chamaram de maçom — porque não excluí nenhuma alma de nossa atividade de filhos de Deus.

38a. Vosso trabalho apostólico, meus filhos, não é uma tarefa eclesiástica. E, muito embora não haja inconveniente propriamente dito em que alguns de vós façam parte de associações de fiéis, isso não será o habitual, porque o apostolado específico para o qual a Obra vos prepara — aquele que Deus quer de nós — não tem um matiz confessional.[69]

Associações de fiéis

---

(69) «*não é uma tarefa eclesiástica*»: ou seja, para Escrivá, o apostolado é tarefa de cada pessoa, e não da instituição, a qual se limita a orientar e assistir pastoralmente as pessoas que pertencem ou se aproximam do Opus Dei. Sua ideia é que a ação apostólica é sempre responsabilidade e fruto da iniciativa de membros, cooperadores ou amigos, que se beneficiam da orientação e da ajuda espiritual que lhes são fornecidas. «*Não tem matiz confessional*»: a missão, como discípulos de Jesus no mundo, brota da consciência batismal e se desdobra nas relações pessoais que cada um cultiva. Portanto, usando de um paradoxo, ele diz que um apostolado profundamente cristão como o que está

38b. Vivemos, com essa discrição, uma maravilhosa humildade coletiva, porque, trabalhando em silêncio, sem fazer alarde de sucessos ou triunfos — mas, repito, sem mistérios ou segredos, dos quais não necessitamos para servir a Deus —, vós passais despercebidos entre os outros fiéis católicos — porque é isso que sois: fiéis católicos —, sem receber aplausos pela boa semente que semeais.

Humildade coletiva

38c. No entanto, especialmente em locais rurais — onde o contrário poderia parecer estranho —, alguns podem trabalhar nas confrarias e em outras obras apostólicas

---

descrevendo pode não ter um matiz oficialmente católico ou «confessional», pois se apresenta como algo que provém da própria vida íntima de fé, no exercício da própria profissão ou atividade secular.

paroquiais, procurando incentivá-las, vivificá-las, mas normalmente sem ocupar cargos. Por isso, aquelas pessoas que lideram associações de fiéis dotadas — infelizmente — de interesses monopolistas não devem ter medo de que lhes arrebatemos sua ditadura exclusivista, uma vez que nosso critério está em que, para fazer o seu trabalho, já existem eles. Devemos atuar da nossa própria maneira, que é muito diferente.

38d. Todavia, como cristãos fiéis que sois, se as circunstâncias do ambiente e a maior eficácia do apostolado não aconselharem o contrário, não vos ausenteis do culto público que a sociedade como tal é obrigada a prestar ao Senhor. Sofri tantas vezes ao contemplar manifestações

Presença no culto público

de culto em que faltava a comunidade, em que não aparecia a família, o povo de Deus. Tenho certeza de que, se fordes fiéis, será uma realidade esse culto público, sóbrio e digno, sem exaltações nem extremismo, que muitas vezes o transformam em algo *pitoresco*.

39a. Digo-vos novamente, meus filhos, que o apostolado específico que tendes de realizar, deveis fazê-lo como cidadãos, com plena e sincera fidelidade ao Estado, de acordo com a doutrina evangélica e apostólica;[70] com fiel obediência às leis civis; observando todos os deveres cívicos, sem vos afastardes do cumprimento de qualquer

Apostolado no exercício dos deveres e direitos de cidadão

---

(70) Cf. Mt 22, 15-22; Mc 12, 13-17; Lc 20, 20-26; Rm 13, 1-7.

obrigação e exercendo todos os direitos, para o bem da comunidade, sem excetuar imprudentemente nenhum deles.

39b. Desse exercício dos direitos ci-
<small>Exemplos de São Paulo</small> dadãos, encontramos um exemplo vivo a ser imitado na reiterada atitude de São Paulo, tal qual encontra-se descrito no livro dos Atos dos Apóstolos. Com uma firmeza viril que os timoratos podem achar arrogante, mas que é hombridade sem apoucamento, o Apóstolo exibe, quando necessário, sua condição de cidadão romano e exige, ausente toda a falsa humildade, que seja tratado como tal: *depois de que a nós, cidadãos romanos, açoitaram publicamente sem nos julgar e nos colocaram na prisão, querem agora nos tirar em segredo? Não será*

assim. Que venham (os litores) *e nos levem para fora.*[71]

39c. Com essa coragem ele falou ao carcereiro de Filipos. E é maravilhosa a conversa, cheia de graça humana, que Paulo, prestes a ser açoitado, mantém em Jerusalém com o tribuno: *quando o amarraram para chicoteá-lo, Paulo disse ao centurião presente: é lícito açoitarem um romano sem tê-lo julgado? Quando o centurião ouviu isso, foi até o tribuno e lhe disse: o que ias fazer? Este homem é romano. O tribuno aproximou-se dele e disse: és romano? Ele respondeu: sim. O tribuno acrescentou: adquiri tal cidadania por uma grande quantia. Paulo respondeu: pois eu a tenho por nascimento.*[72]

---

(71) At 16, 37.
(72) At 22, 25-28.

Meus filhos, sobram os comentários: aceitai o exemplo.

40a. Algumas vezes vos salientei o lamentável fato da invasão progressiva do Estado na esfera privada, com a consequente escravização que isso traz aos cidadãos, que ficam privados de suas legítimas liberdades. Destaquei que o Estado é frio e sem entranhas e, consequentemente, que seu totalitarismo vem a se transformar em algo pior do que a mais dura situação feudal.

<small>Invasão do Estado na esfera privada</small>

40b. À parte outros motivos, se isso acontece deve-se, em grande parte, à inibição dos cidadãos, à sua passividade em defender os sagrados direitos da pessoa humana. Essa inatividade, que tem sua origem na preguiça mental e na inércia da vontade, também se dá nos cidadãos católicos, que não chegam a tomar consciência de que existem outros pecados — e mais graves — do que os que se cometem contra o sexto preceito do Decálogo.

41a. Minhas filhas e filhos, da missão que Deus nos confiou e do caráter plenamente secular de nossa vocação deduz-se que nenhum acontecimento, nenhuma tarefa humana, pode ser indiferente para nós. Por isso, insisto em dizer que é necessário que estejais presentes nas atividades sociais que surgem do próprio convívio humano ou exercem influência direta ou indireta sobre ele: deveis dar ar e alma às agremiações profissionais, às organizações de pais de família e de famílias numerosas, aos sindicatos, à imprensa, às associações e

Nenhuma tarefa humana pode ser indiferente para nós

concursos artísticos, literários, às competições esportivas etc.

41b. Cada um de vós participará dessas atividades públicas segundo a própria condição social e da maneira mais apropriada às próprias circunstâncias, assim como, é claro, com total liberdade, tanto quando agirdes individualmente quanto nas ocasiões em que o fizerdes em colaboração com os grupos de cidadãos com os quais julgastes apropriado cooperar.

41c. Compreendeis muito bem que essa participação na vida pública de que falo não é atividade política no sentido estrito do termo: pouquíssimos dos meus filhos trabalham — por assim dizer — *profissionalmente* na vida política. Estou falando da participação que é típica de todo

Participação na vida pública

cidadão que tem consciência de suas obrigações cívicas. Deveis sentir-vos estimulados a atuar — com liberdade e responsabilidade pessoal — por todas e pelas mesmas razões nobres que movem vossos concidadãos. Mas, além disso, vos sentis particularmente estimulados por vosso zelo apostólico e pelo desejo de realizar uma obra de paz e compreensão em todas as atividades humanas.

42a.

Ordenar a legislação de maneira cristã

Trabalhando dessa forma, juntamente com vossos concidadãos e motivando-os, criando um ambiente para que as coisas não sejam impostas sem expressar o sentimento legítimo da sociedade, podereis orientar de modo cristão a legislação de vossas comunidades nacionais, especialmente naqueles pontos que são fundamentais à vida dos povos: nas leis sobre casamento, sobre o ensino, sobre a moralidade pública, sobre a propriedade etc.

42b. Como pode ser cristã uma legislação na qual o respeito pela família se baseia no divórcio? Que lógica pode ser encontrada em algumas sociedades que se orgulham de sua *diversidade* religiosa e não admitem essa diversidade nas escolas públicas, onde todo aluno teria o direito de receber educação religiosa de acordo com sua fé?

42c. Não percebeis que a propriedade privada — com as limitações exigidas pelo bem comum — é um instrumento de liberdade para o homem, um bem que deve ser colocado entre os fundamentais para o desenvolvimento da pessoa humana e da família? Os países onde esses direitos não são respeitados não são países católicos, nem humanos. Percebeis qual é o panorama que se apresenta? Nestes e em outros pontos de capital importância, vós tereis de lutar, e bem!

43a. Trabalhai ativamente com os nossos Cooperadores. Aumentai seu número sem medo: quanto mais, melhor. Cuidai deles, formai-os: que sempre tenham trabalho em suas mãos, algo para fazer. Mantende-os em movimento, como nos exercícios esportivos. Ampliai continuamente a base de vossas amizades e fazei chegar a eles, de uma forma ou de outra, a doutrina e o ânimo. Tereis assim a maior extensão da rede divina, delicada, mas eficaz. E, se mantiverdes a vibração deste bom espírito apostólico, fareis um bem

Trabalho com Cooperadores

incalculável — suave e enérgico — a toda a humanidade.

43b. Também nos ajudarão as comunidades religiosas — especialmente as de clausura — que admitimos como Cooperadoras e que entendem muito bem nosso espírito de contemplação no meio do mundo. Elas são contemplativas com o seu afastamento do século; nós, contemplativos no seio e nas estruturas da sociedade civil. Duas manifestações — diversas, especificamente distintas — do mesmo amor a Jesus Cristo.

<small>Ajuda espiritual das Comunidades Religiosas</small>

43c. Entre nós, trabalhando nobremente, ombro a ombro, em tarefas apostólicas, ou nos ajudando para que possamos trabalhar, há muitos amigos e Cooperadores. E alguns vivem longe de Deus, nosso Senhor, ou não o conhecem. Meditai naquelas palavras de São Pedro: *satagite ut, per bona opera, certam vestram vocationem et electionem faciatis.*[73] Assegurai-vos de que esses nossos amigos, tão fraternalmente queridos, continuem no exercício de suas boas obras; e não duvideis de que, se os ajudarmos com a nossa oração e com a nossa amizade leal — sempre com o máximo respeito pela liberdade pessoal —, muitos receberão a graça para fazer sua escolha como cristãos.

44a. Não vos esqueçais de que a essência do nosso apostolado é dar doutrina,[74] porque, como já vos disse mil

Dar doutrina

---

(73) 2 Pe 1, 10 (Vg). A versão da *Neovulgata* alterou o texto da *Vulgata* que São Josemaria cita aqui, eliminando «*per bona opera*».

(74) «*dar doutrina*»: muitas vezes São Josemaria usa essa expressão como sinônimo de expor a verdade cristã, o depósito da fé, nos mais variados contextos e

vezes, a ignorância é o maior inimigo da fé. São Paulo escreveu aos romanos: *como invocarão aquele em quem não creram? E como crerão, sem ter ouvido falar dele? E como ouvirão se ninguém lhes pregar?*[75] Porque vós sentis essa responsabilidade de pregar, dais grande importância ao trabalho de ensino — privado ou público; pessoal ou coletivo; primário, médio ou superior —, embora o ensino seja uma pequena parte do nosso trabalho profissional.

<small>Trabalho docente público e privado</small>

44b. Pela mesma razão, procurais incentivar os meios através dos quais se forma a opinião pública: a imprensa,

<small>Meios de comunicação social</small>

---

forma — ou, em outras palavras, difundir a mensagem evangélica por meio da própria atividade pessoal e profissional. Não se refere necessariamente a uma atividade catequética, pois inclui também o primeiro anúncio aos que não creem em Cristo.

(75) Rm 10, 14.

o rádio, a televisão, o cinema etc. Aqueles de vós que realizam o trabalho profissional nessas mídias já não ensinam apenas um pequeno grupo de pessoas — como fazem quando dirigem um Círculo ou dão uma conferência — mas, como o Senhor, pregam para a multidão, ao *ar livre*.

44c. Há uma ignorância religiosa brutal. E nós, cristãos, temos grande culpa por não ensinar por todos esses meios, cada dia mais perfeitos tecnicamente e mais influentes, e que muitas vezes são controlados pelos inimigos de Deus.

45a. A pior coisa do mundo, meus filhos, é que as pessoas façam barbaridades e não saibam que as fazem. Proclamai a verdade sem descanso, *opportune, importune*,[76] mesmo que alguns não acreditem em nós ou não queiram acreditar. *Quidquid recipitur ad modum recipientis recipitur*: é por isso que não acreditam em nós. Podemos até dar a eles o vinho das bodas de Caná, o que foi testemunho do primeiro milagre de Jesus, a primeira manifestação pública de sua divindade, que ainda assim, lançado na consciência dessas pessoas, se transformará em vinagre. No entanto, continuaremos a servir um bom vinho, dizendo a verdade! Como Jesus, cada um de nós — *ipse*

---

(76) 2 Tm 4, 2. E adiante, «*quidquid recipitur ad modum recipientis recipitur*»: «o que é recebido, é recebido de acordo com a capacidade do recipiente». Trata-se de um aforismo filosófico tipicamente escolástico. O conceito é usado, por exemplo, por São Tomás de Aquino na *Summa theologiae*, I, q. 75, a. 5; cf. também *Scriptum super Sententiis*, lib. 4, d. 49, q. 2.

Christus — deve poder dizer: *vim ao mundo para isso, para dar testemunho da verdade.*[77]

45b. Meus filhos, *despojando-vos da mentira, fale cada um a verdade ao seu próximo, porque somos todos membros uns dos outros.*[78] Alguma coisa conhecemos, e cabe aqui muito bem empregar o *nós* — sofremos em nossa própria carne —, da dor da maledicência, da mentira e da calúnia: ondas de lama às vezes causadas por católicos, e até por sacerdotes. *Omnia in bonum!*: assim como o Nilo, depois de deixar seu leito, fertilizava os campos com a lama ao se retirar, para nós, meus filhos, aquelas ondas de lixo encheram-nos de fecundidade.

---

(77) Jo 18, 37.
(78) Ef 4, 25.

46a. Não deixeis de organizar pequenas tertúlias periódicas com vossos amigos e colegas — são especialmente interessantes as tertúlias com profissionais dos meios de opinião pública — e de nelas levantar temas de atualidade, dando critérios com dom de línguas. Suscitai conversas oportunas em escritórios ou em locais públicos.

<small>Tertúlias periódicas com amigos e colegas</small>

46b. Não percais oportunidades — fomentai-nas — para dizer a verdade e semear a boa semente. *Conversai discretamente com pessoas de fora, aproveitando as oportunidades: sejam vossas conversas agradáveis, temperadas com sal, a fim de que saibais como responder a cada um.*[79]

---

(79) Cl 4, 5-6.

46c. Penso com alegria naqueles meus filhos que trabalham em postos de vendas e bancas de jornais e revistas, nos que trabalham em editoras ou em redações de jornais, bem como nas empresas de artes gráficas; e naqueles outros que, por seu trabalho — ainda que aparentemente modesto —, têm ocasião de se relacionar com muita gente todos os dias.

<small>Profissionais da imprensa</small>

47a. Pais e mães de família, fomentai diversões saudáveis e alegres, tão distantes do puritanismo quanto do tom mundano que ofende a moral cristã. Dessas reuniões virão — o Senhor abençoará — casamentos entre vossos filhos, que herdarão a felicidade e a paz que aprenderam em vossos lares *luminosos e alegres*.

<small>Apostolado da diversão</small>

47b. No campo desse apostolado da diversão, não vos esqueçais de que o ponto-chave que deveis defender com vossa ação cidadã é a moralidade dos espetáculos públicos: é difícil que uma juventude que viva num ambiente coletivo de fácil devassidão chegue a formar lares cristãos.

48a. Seria deformação admitir o pensamento de que a esfera da economia e das finanças não pode ser objeto de trabalho apostólico. Essa ideia, difundida entre pessoas que procedem de ambientes clericais, é acompanhada pelo paradoxo de que muitos desses mesmos homens, não raro, estão envolvidos — ao abrigo da Igreja — em negócios e empresas, manipulando dinheiro abundante de outros, que confiam neles porque *se chamam* católicos. Disse alguém — não tão maliciosamente — desses homens que têm os olhos no céu e as mãos onde caírem. Não são cristãs

<small>Os empreendimentos econômicos são também campo de trabalho apostólico</small>

a reserva e a prevenção em relação aos empreendimentos econômicos, pois é essa mais uma tarefa que deve ser santificada.

48b. No entanto, essa suspeita entre os católicos teve — e continua a ter — grande influência, e em não poucas ocasiões impediu-os de fazer o bem com seu trabalho nesse campo da economia; ou antes trabalharam, mas com uma consciência culpada, quando não deixaram essas tarefas humanas à discrição de pessoas hostis à Igreja, que souberam e sabem como usá-las para causar danos abundantes às almas.

48c. A tal ponto é assim, que é divertido ler certa consideração piedosa da tradição eclesiástica — que é indubitavelmente justificada pela mentalidade e ambiente da época —, na qual se

<small>Todo trabalho honesto pode ser orientado com espírito cristão e apostólico</small>

afirma que Pedro, após a ressurreição do Senhor, pôde retornar ao seu ofício de pescador — porque pescar é um ofício honesto —, mas que Mateus não pôde retornar à sua profissão, pois há negócios que é impossível exercer sem sério risco de pecado ou, simplesmente, sem cometer pecado. E o ofício de Mateus era um desses.[80]

48d. É preciso acabar com esses erros, criados por pessoas que professavam o *contemptus saeculi*: vossa mentalidade laical não entende que haja mal no fato de exercer negócios ou finanças, porque sabeis sobrenaturalizar essas tarefas, como todas as outras, e orientá-las com espírito cristão e apostólico.

---

(80) Cf. São Gregório Magno, *Homiliae in Evangelia*, XXIV, em *Corpus christianorum* (*Series latina*) CXLI, p. 197.

49a. E, dado que estamos falando desse assunto, quero dizer que — infelizmente — não é verdade o que dizem sobre nossas atividades no campo econômico, que são quase inexistentes: há só as normais, para a vida e o desenvolvimento de uma família numerosa e pobre. Oxalá fossem mil vezes mais!

49b. Todas as sociedades — de qualquer estilo — têm de movimentar fundos econômicos para cumprir sua finalidade. É uma pena que não tenham razão quando murmuram assim sobre nós! Não obstante — se tivessem razão —, a Obra continuaria sendo pobre, como sempre será; porque tem de sustentar em todo o mundo muitos trabalhos apostólicos que são deficitários; porque tem de formar seus membros, ao longo de toda a

A Obra é e sempre será pobre: necessidades que deve suprir

vida, e isso custa dinheiro; porque tem de atender aos membros doentes e idosos; porque sempre teremos, e cada dia em maior número, a bendita carga de ajudar economicamente os pais dos membros da Obra, anciãos ou doentes, que precisam de ajuda para se sustentar etc.

49c. De qualquer forma, essas atividades econômicas, se existirem — e devem existir o mais rápido possível —, sempre as faremos respeitando as leis do país, pagando as contribuições e taxas como o cidadão que melhor as cumpre: não queremos, não é *nosso estilo*, viver de privilégios.

50a. Às vezes, esses murmuradores pertencem a algum grupo oficial que reparte entre si o dinheiro dos contribuintes contra a vontade dos cidadãos do país; e, ao mesmo tempo, gostariam que não pudéssemos respirar, que não tivéssemos o direito de trabalhar ou nos sacrificar, vivendo de maneira pobre, para levar adiante obras de beneficência, educação, cultura, propaganda cristã. São inimigos da liberdade — da liberdade dos outros, entenda-se — e querem fazer discriminar entre os cidadãos.

50b. Todas as associações, de qualquer tipo — sejam religiosas, artísticas, esportivas, culturais etc. —, necessariamente têm de possuir e movimentar algum dinheiro a fim de manter os meios necessários ao cumprimento de seus fins: quem queira fazer disso motivo de escândalo demonstra ao menos ser insensato.

50c. Ao falar sobre associações religiosas, vêm imediatamente como exemplos a Sociedade Bíblica ou o Exército da Salvação,[81] que possuem bancos, companhias de seguros etc. Ninguém se escandaliza: eles precisam desses meios para fazer seus trabalhos de propaganda e beneficência. Em muitos Estados, além de não serem criticadas as atividades econômicas dessas associações religiosas, não se lhes cobram impostos; ficam isentas em razão do trabalho social que fazem.

50d. É justo, portanto, que — em todo o mundo — entidades oficiais nos façam empréstimos e até doações.

---

(81) *«Sociedade Bíblica»*: originalmente chamada The British and Foreign Bible Society, ou simplesmente The Bible Society, foi fundada em 1804. Com outras sociedades bíblicas, faz parte das United Bible Societies, que procuram tornar acessível a Bíblia em todo o mundo. *«Exército da Salvação»:* The Salvation Army é uma denominação cristã protestante e uma organização beneficente, fundada em 1865.

Quando assim for, apenas estarão cumprindo com o seu dever; porque, com o nosso trabalho público e social, nós os estamos descarregando de parte de suas obrigações: essas autoridades, se ajudarem da mesma forma como o fazem a outras instituições culturais e de beneficência, só estarão fazendo o justo.

51a. O Opus Dei, *operatio Dei*, obra de Deus, exige que todos os seus membros trabalhem: porque o trabalho é um meio de santificação e apostolado. É por isso que, em todo o mundo, tantos milhões de pessoas, católicas e não católicas, cristãs e não cristãs, admiram, amam e ajudam com carinho a nossa Obra. E por isso agradecemos o Senhor.

<small>O trabalho é um meio de santificação e apostolado</small>

51b. Há também alguns entre vós que — porque vos sentis bem preparados para resolver ativamente os problemas públicos de vossa pátria — trabalham, com plena liberdade e responsabilidade pessoal, na vida política. São poucos: o percentual usual na sociedade civil. E, como todos os outros membros da Obra em suas ocupações temporais, ao atuardes nesse campo, vós sempre o fazeis sem vos valerem de vossa condição de católicos ou membros do Opus Dei, sem que vos sirvais da Igreja ou da Obra: porque sabeis que não podeis misturar a Igreja de Deus nem a Obra em coisas contingentes. Ao trabalhardes na vida pública, não podeis esquecer que nós, católicos, desejamos uma sociedade de homens livres — todos com os mesmos deveres e os mesmos direitos perante o Estado —, mas unidos num harmonioso e operativo trabalho para alcançar o bem comum, aplicando os princípios do Evangelho, que são a fonte constante do ensinamento da Igreja.

51c. Tendes todo o direito de viver essa vocação de políticos. Se algum Estado pusesse dificuldades para isso, também teria de impô-las aos membros das outras associações de fiéis e, então, pela mesma razão — a obediência que os fiéis devem às autoridades eclesiásticas —, poriam os mesmos impedimentos — em boa lógica — a todos os católicos praticantes, negando-lhes sua plenitude de direitos e responsabilidades na sociedade temporal. É injusto tratar os católicos praticantes como cidadãos de pior condição, mas não faltam exemplos de discriminação desse tipo na história contemporânea.

Direito de viver a vocação de políticos

51d. Aqueles de vós que tendes vocação para a política, trabalhai sem medo e considerai que, se não o fizerdes, pecareis por omissão. Trabalhai com seriedade profissional, atendo-vos às exigências técnicas desse trabalho: visando o serviço cristão a todas as pessoas de vosso país e pensando na harmonia de todas as nações.

<small>Mentalidade de serviço</small>

51e. É sintoma da mentalidade clerical que, nos elogios — elaborados por pessoas separadas do mundo — que a liturgia faz aos governantes que chegaram aos altares, eles sejam louvados porque governaram seus reinos mais com piedade do que com o exercício da autoridade real, *pietate magis quam imperio*, mais com afeto do que com o justo mando.

51f. Vós, ao cumprirdes vossa missão, fazei-o com retidão de intenção — sem perder o ponto de mira

<small>Não misturar o divino com o humano</small>

sobrenatural —, mas não mistureis o divino com o humano. Fazei as coisas como os homens devem fazê-las, sem perder de vista o fato de que as ordens da criação têm seus próprios princípios e leis, os quais não podem ser violentados com atitudes de angelismo. O pior elogio que posso fazer a um filho meu é dizer que é como um anjo: não somos anjos, somos homens.

52a.

Presença de católicos no governo de países

Aqueles que dedicaram a própria atividade à vida pública devem se sentir instados a não se absterem de trabalhar em todos os regimes, mesmo naqueles não informados pelo sentido cristão, a menos que a Hierarquia Ordinária do país dê outro critério aos cidadãos católicos. Porque a consciência não vos permite deixar que governem aqueles que não são católicos, pois, mesmo nas circunstâncias mais adversas para a religião, vós sempre podereis evitar que se cometam males maiores.

52b. É aconselhável que não abandoneis o campo em nenhum tipo de regime,[82] mesmo que por isso sejais

---

(82) «*não abandoneis o campo em nenhum tipo de regime*": a opção proposta por Escrivá consiste em trabalhar neste setor seguindo a própria vocação profissional, a menos que a Hierarquia Católica disponha de outra forma, como aconteceu, por exemplo, na Itália entre 1868 e 1919, com o *non expedit* (não convém) que proibia aos católicos a participação ativa ou passiva em eleições políticas, em protesto contra as leis anticatólicas do Reino da Itália. No caso do Opus Dei, é notória a acusação de colaboração com o regime do general Franco, uma vez que dois de seus membros ingressaram no governo espanhol em 1957 e outros o fizeram em anos sucessivos. No entanto, a Hierarquia Católica espanhola não desencorajou — ao contrário, apoiou — a colaboração dos católicos com o regime franquista, na medida em que, embora não reconhecesse as liberdades políticas, parecia garantir a presença da mensagem evangélica na vida pública. Por isso, Escrivá respeitava a opção dos membros do Opus Dei que apoiavam Franco, assim como os da Obra que se opunham ao ditador. Curiosamente, ambas as opções acabaram por prejudicar — de uma

injustamente taxados de colaboracionistas. Meus filhos, mais ainda se estamos falando de nações de maioria católica, seria incompreensível se não houvesse no governo católicos praticantes e responsáveis e, portanto, membros das diferentes associações de fiéis. Caso contrário, poder-se-ia dizer que esses católicos não são nem praticantes, nem responsáveis, nem católicos, ou que a Igreja está perseguida.

52c. Quando vos for necessário participar de tarefas de governo, fazei todos os esforços para estabelecer leis justas, que os cidadãos possam cumprir. O contrário seria um abuso

<small>Empenho em estabelecer leis justas</small>

---

forma ou de outra — a imagem do Opus Dei, mas o Fundador não alterou os seus critérios, mantendo a total liberdade dos associados em matéria política. Cf. José Luis González Gullón e John F. Coverdale, *História do Opus Dei*, pp. 210-214.

de poder e um atentado à liberdade das pessoas: deformaria suas consciências, e além disso, nesses casos, elas teriam o perfeito direito de deixar de cumprir tais leis, que só o seriam de nome.

52d.

Respeitar a liberdade de todos

Respeitai a liberdade de todos os cidadãos, tendo em vista que o bem comum deve ser compartilhado por todos os membros da comunidade. Dai a todos a possibilidade de elevar suas vidas, sem humilhardes uns para elevardes outros; oferecei aos mais humildes horizontes abertos para o seu futuro: a segurança de um trabalho remunerado e protegido, o acesso à igualdade de cultura, porque isso — que é justo — trará luz às suas vidas, mudará seu humor e facilitará que busquem a Deus e as realidades superiores. Filhos da minha alma, não esqueçais, porém, que a miséria mais triste é a pobreza espiritual, a falta de doutrina e de participação na vida de Cristo.

53a. Minhas filhas e filhos Supernumerários, penso agora em vossos lares, nas famílias que brotaram desse *sacramentum magnum*[83] do matrimônio. Numa época em que ainda persiste a tarefa destruidora da família, como aconteceu no século passado, chegamos nós para levar o desejo de santidade a esta célula cristã da sociedade.

<small>O primeiro apostolado dos Supernumerários está em seu lar</small>

53b. Vosso primeiro apostolado é no lar: a formação que o Opus Dei vos dá faz-vos valorizar a beleza da família, a obra sobrenatural que significa a fundação de um lar, a fonte

---

(83) Cf. Ef 5, 32.

de santificação que se esconde nos deveres conjugais. Não obstante, conscientes da grandeza de vossa vocação matrimonial — assim: vocação! —, sentis especial veneração e um profundo carinho pela castidade perfeita, que sabeis ser superior ao matrimônio,[84] e por isso vos alegrais verdadeiramente quando um de vossos filhos, pela graça do Senhor, abraça esse outro caminho, que *não é um sacrifício*: é uma escolha feita pela bondade de Deus, um motivo de santo orgulho, um serviço voluntário a todos por amor a Jesus Cristo.

53c. Normalmente, nos centros educacionais, mesmo que sejam dirigidos por religiosos, não se forma a

Dignidade e limpeza do matrimônio

---

(84) Cf. Mt 19, 11ss; 1 Cor 7, 25-40. «[...] *é superior ao matrimônio*»: assim o definiu o Concílio de Trento. Cf. nota a 10d.

juventude de maneira a que apreciem a dignidade e a limpeza do casamento. Não o ignorais. É comum que, nos exercícios espirituais — que geralmente são ministrados aos alunos quando já estão em seus últimos anos do secundário —, sejam-lhes oferecidos mais elementos para considerar sua possível vocação religiosa do que sua orientação para o matrimônio; e não faltam aqueles que desestimam aos seus olhos a vida conjugal, que pode parecer aos jovens algo que a Igreja simplesmente tolera.

53d. No Opus Dei, sempre procedemos de maneira diferente e, deixando muito claro que a castidade perfeita é superior ao estado conjugal, apontamos o matrimônio como um caminho divino na terra. Não nos

O matrimônio é caminho divino na terra

fez mal seguir esse critério: porque a verdade é sempre libertadora, e há nos corações jovens muita generosidade para voar acima da carne quando eles são livres para escolher o Amor.

53e.

Santo sacramento do matrimônio

Não nos assusta o amor humano, o amor santo dos nossos pais que o Senhor usou para nos dar a vida. Abençoo esse amor com as duas mãos. Não admito que nenhum dos meus filhos deixe de ter um grande amor pelo santo sacramento do matrimônio. Por isso cantamos sem medo as canções do amor limpo dos homens, que também são *versos de amor humano ao divino*; e nós que renunciamos a esse amor da terra pelo Amor, não somos solteirões: temos um coração substancial.

54a.

Um ideal e uma vocação

Digo a vós, minhas filhas e filhos que foram chamados por Deus para formar um lar, que vos ameis um ao outro, que tenhais sempre um pelo outro o amor vibrante que tivestes quando noivos. Pobre conceito tem do matrimônio, que é um ideal e uma vocação, quem pensa que a alegria termina quando começam as dificuldades e contratempos que a vida traz consigo.

54b.

Receber os filhos com alegria

É então que o amor se consolida, que se torna mais forte que a morte: *fortis est ut mors dilectio*.[85] As torrentes de tristezas e contradições não são capazes de extinguir o amor verdadeiro: une-vos ainda mais o sacrifício generosamente compartilhado — *aquæ multæ non*

---

(85) Ct 8, 6.

potuerunt extinguere caritatem[86]—, e as muitas dificuldades, físicas ou morais, não serão capazes de extinguir o afeto.

54c. Vosso matrimônio normalmente será muito fecundo. E, se Deus não vos conceder filhos, dedicareis vossas energias com maior intensidade ao apostolado, que vos dará uma esplêndida fecundidade espiritual. O Senhor costuma coroar as famílias cristãs com uma coroa de filhos, já vos disse muitas vezes. Recebei-os sempre com alegria e gratidão, pois são um presente e uma bênção de Deus, bem como uma prova de sua confiança.

---

(86) Ct 8, 7.

55a.

Não cegar as fontes da vida

A faculdade de gerar é como uma participação no poder criador de Deus, da mesma forma como a inteligência é qual uma centelha de luz do entendimento divino. Não cegueis as fontes da vida. Sem medo! São criminosas — e não são cristãs nem humanas — essas teorias que tentam justificar a necessidade de limitar os nascimentos segundo falsas razões econômicas, sociais ou científicas que, logo que se analisam, não se sustentam. Elas são covardia, meus filhos; covardia e ânsia de justificar o injustificável.

55b. É lamentável que essas ideias muitas vezes venham da casuística, levantada por sacerdotes e religiosos que se intrometem imprudentemente onde ninguém os chama, às vezes manifestando uma curiosidade mórbida e demonstrando que têm pouco amor pela Igreja — entre outras coisas —, pois o Senhor quis colocar o sacramento do matrimônio como meio para o crescimento e expansão do seu Corpo Místico.

55c. Não duvideis de que a diminuição de filhos nas famílias cristãs resultaria na diminuição do número de vocações sacerdotais e de almas que queiram se dedicar por toda a vida ao serviço de Jesus Cristo. Conheço diversos casais que, tendo Deus lhes dado somente um filho, tiveram a generosidade de oferecê-lo a Deus. Mas não são muitos os que agem assim. Nas famílias numerosas é mais fácil compreender a grandeza da vocação divina e, entre seus filhos, há gente para todos os estados e caminhos.

Vocações de entrega a Deus nas famílias numerosas

56a. Sede generosos e senti a alegria e
Generosidade a força das famílias numerosas. Envergonho-me dos casais que não querem ter filhos: *se não desejais ter filhos, sede continentes!* Penso, e digo isso com sinceridade, que não é cristão recomendar[87] que os

---

(87) «*não é cristão recomendar*»: São Josemaria está propondo um ideal muito elevado de vocação conjugal, um chamado à santidade heroica em meio ao clima cada vez mais permissivo que se espalhava na sociedade ocidental dos anos 1960. Percebe-se sua preocupação com que a continência periódica não seja entendida como um método contraceptivo «católico», de aplicação geral, alheio aos aspectos médicos, humanos e espirituais que tal opção acarreta para cada pessoa em particular. É por isso que dirá, no parágrafo seguinte, que em casos específicos ela «pode e deve até ser permitida», mas recomendará o aconselhamento com o médico e o sacerdote. Ele deseja ajudar aqueles que buscam viver seu casamento de maneira cristã e santa e que, ao mesmo tempo, precisam espaçar os nascimentos. Em geral, suas palavras seguem a orientação pastoral e a práxis moral católica vigentes entre 1959 e 1966, anos em que a *Carta* foi datada e impressa (para citar obras daqueles anos, vejam-se, por exemplo, o *Dizionario di teologia morale*, dirigido por Francesco Roberti, Roma, Studium, 1957, p. 348; e *La teologia*

cônjuges se abstenham nas épocas em que a natureza deu à mulher a capacidade de procriar.

56b. Em algum caso específico, sempre de acordo entre o médico e o

---

moral para seglares, vol. II, de Antonio Royo Marín, Madri, BAC, 1961, pp. 670-672; esses livros estão na biblioteca pessoal de São Josemaria). Essa doutrina foi esclarecida e aperfeiçoada pouco depois pela encíclica *Humanae vitae* (1968), de São Paulo VI. A *Humanae vitae* alude às «razões sérias» que devem concorrer para o uso de métodos naturais destinados ao espaçamento dos nascimentos (veja-se o n. 16). Ao mesmo tempo, explica a encíclica, esses métodos não podem ser separados da «paternidade responsável» e da virtude da castidade. Durante o período em que saiu esta *Carta* de São Josemaria, houve um debate teológico sobre a questão, e o próprio Magistério ainda vinha esclarecendo sua posição, na linha já indicada em 1965 pela *Gaudium et spes* (nn. 50-51), do Concílio Vaticano II. O atual *Catecismo da Igreja Católica*, nos nn. 2369-2370, inclui a formulação da *Humanae vitae*, enriquecida pelo Magistério de São João Paulo II. Cf. Martin M. Lintner, *Cinquant'anni di Humanae vitae. Fine di un conflitto, riscoperta di un messaggio*, Brescia, Queriniana, 2018; Gilfredo Marengo, *Humanae vitae. El nacimiento de una encíclica a la luz de los Archivos Vaticanos*, Madri, Biblioteca de Autores Cristianos, 2020.

sacerdote, isso poderá e até deverá ser permitido. Mas não pode ser recomendado como regra geral. Eu vos disse, com palavras muito fortes,[88] que haveria muitos de nós que

---

(88) «*com palavras muito fortes*»: lembremo-nos de que São Josemaria escrevia para aqueles que conheciam bem a sua maneira de falar, franca e sem hesitação. Ao mesmo tempo, com alguma frequência, em sua pregação e escritos, ele usa de hipérbole para sublinhar um ensinamento, como quando disse que acreditava mais em seus filhos do que em mil notários unânimes (cf. *En diálogo con el Señor, op. cit.*, p. 282) ou que preferiria, em vez de murmurar, cortar a língua com os dentes e cuspi-la (citado por Javier Echevarría, Homilia, 20 de junho de 2006, em *Romana* 42 [2006], p. 84), entre tantos outros exemplos de grande expressividade. São maneiras de dizer hiperbólicas, que ele evidentemente não pretendia que fossem tomadas à letra. Quem estivesse familiarizado com o amor de Escrivá por seus pais e conhecesse tanto sua capacidade de perdoar quanto sua compreensão das fraquezas humanas, o que fica evidente em seus escritos, a começar por esta *Carta*, poderia deduzir que ele jamais faria o que diz aqui. Todavia, ele quer usar «palavras muito fortes» a fim de sensibilizar seus leitores para o drama experimentado por aqueles que descobrem que são filhos indesejados. Este é um grave problema existencial e psicológico que vem afetando especialmente nossa

cuspiriam no túmulo de nossos pais se soubéssemos que viemos ao mundo contra a vontade deles, que não tínhamos sido fruto de seu amor limpo. Graças a Deus, geralmente temos de agradecer ao Senhor por ter nascido numa família cristã, à qual — em grande parte — devemos nossa vocação.

56c. Lembro-me de que um filho meu, que trabalhava num país onde estavam muito estendidas as teorias sobre a limitação dos nascimentos, respondeu — brincando — a uma

<small>Crescimento do povo de Deus</small>

---

sociedade após a enorme disseminação de métodos contraceptivos e das práticas de aborto, a partir da chamada *revolução sexual*, que já estava às portas quando São Josemaria escreveu essas palavras. Ele quer deixar claro que o modelo de santidade que propõe para as pessoas casadas inclui um «amor limpo» entre os cônjuges e um grande amor pelos filhos, sem medo da prole que Deus queira enviar, salvo por motivos graves.

pessoa que lhe perguntara sobre esse assunto: *assim, em pouco tempo, haverá no mundo apenas negros e católicos.*[89] Mas os católicos

---

(89) «*haverá no mundo apenas negros e católicos*»: frase que deve ser entendida no contexto histórico da reivindicação dos direitos civis nos Estados Unidos das décadas de 1950 e 1960, quando a *Carta* foi escrita. Esses anos coincidiram com a disseminação de medidas de controle de natalidade na América do Norte, que para ativistas afro-americanos escondiam um propósito racista (veja-se Simone M. Caron, «Birth Control and the Black Community in the 1960s: Genocide or Power Politics?», *Journal of Social History* 31, n. 3 [1998], pp. 545—569). Os católicos também se opuseram a tais medidas, ainda que por motivos morais. A irônica frase que Escrivá cita quer zombar dos preconceitos racistas e antipapistas de que alguns setores da população frequentemente compartilhavam, os quais deploravam a maior taxa de natalidade de afro-americanos e católicos (cf. Stephen L. Barry, «The Forgotten Hatred: Anti-Catholicism in Modern America», *NYLS Journal of Human Rights* 4, edição 1 [1986], pp. 203-238). São Josemaria aproveita a oportunidade para ridicularizar esses preconceitos, citando em tom de brincadeira a ironia daquele membro da Obra, que mostra — por redução ao absurdo — a loucura do racismo e de toda discriminação por motivos religiosos.

Em meados da década de 1960, nos Estados Unidos, era normal se referir aos afro-americanos das nações onde eles são minoria não entendem isso, porque não se aprofundam nessa realidade — que tem um sólido fundamento teológico — de que o matrimônio cristão é o meio que o Senhor dispôs,

---

como *negros* (plural: *negroes*). Martin Luther King Jr., Malcolm X e outros ativistas antirracistas o empregavam com naturalidade, assim como a opinião pública em geral, como pode ser visto no famoso livro de Robert Penn Warren: *Who Speaks for the Negro?*, Nova York, Random House, 1965, contemporâneo da *Carta*, e no qual são coletadas entrevistas com os principais líderes do movimento dos direitos civis.`

Em 1972, um afro-americano perguntou a Escrivá como melhorar no apostolado com os de sua raça (na transcrição lê-se que o rapaz disse «apostolado com os *negros*», palavra que também em espanhol não tinha o significado pejorativo que agora tem em outras línguas). Temos as palavras com que São Josemaria lhe respondeu: «Olha, meu filho, diante de Deus não há negros nem brancos: somos todos iguais, todos iguais! Eu te amo com toda a minha alma, como eu amo este e aquele, e todos. Devemos superar a barreira das raças, porque não há barreira!: somos todos da mesma cor: a cor dos filhos de Deus» (Notas de uma reunião, 3 de abril de 1972, em *Crónica* [1972], vol. 5, pp. 106-107).

em sua providência ordinária, para fazer o povo de Deus crescer.

56d. Por outro lado, os inimigos de Cristo — mais astutos — parecem ter mais bom senso, e assim, em países de regime comunista, dá-se cada vez mais importância às leis da vida e às energias criadoras do homem, as quais são inseridas, como fatores determinantes, em seus planos ideológicos e políticos.

57a. Em vossos lares, que sempre descrevi como luminosos e alegres, vossos filhos serão educados nas virtudes sobrenaturais e humanas, numa atmosfera de liberdade, de sacrifício alegre. E quantas vocações virão para a Obra desses lares que chamei de escolas apostólicas do Opus Dei! Uma das grandes

Lares luminosos e alegres

e frequentes alegrias da minha vida é ver um rosto que me faz lembrar aquele rapaz que conheci há tantos anos. *Tu*, pergunto a ele, *como te chamas? És filho de fulano?* E me alegro, dando graças a Deus, quando me responde afirmativamente.

57b. O segredo da felicidade conjugal está no cotidiano: em encontrar a alegria oculta que jaz na chegada em casa; na educação dos filhos; no trabalho, com o qual toda a família colabora; em aproveitar também todos os avanços que a civilização nos proporciona, para tornar o lar agradável — nunca nada que cheire a convento, o que seria anormal —, a formação mais eficaz, a vida mais simples.

<small>Felicidade no cotidiano</small>

58a.

Agradecimento das famílias pela vocação de seus filhos

Também contribuireis, com o vosso relacionamento, para que as famílias — poucas — de alguns dos meus filhos que ainda não entendem o caminho de dedicação deles ao serviço de Deus venham a agradecer o Senhor por esse favor inestimável de terem sido chamadas para serem pais e mães dos filhos de Deus em sua Obra. Elas nunca cogitaram que seus filhos viessem a se dedicar a Deus e, ao contrário, teceram-lhes planos distantes desse compromisso que não esperavam e que acabam por destruir seus projetos, muitas vezes nobres, mas terrenos. De qualquer forma, minha experiência — que já não é pequena — mostra que os pais que não receberam com alegria a vocação de seus filhos acabam se rendendo, aproximando-se da vida de piedade, da Igreja, e acabam amando a Obra.

58b. São, pela graça de Deus, cada dia mais abundantes, apesar das considerações anteriores, as famílias — pais, irmãos e parentes — que reagem de forma sobrenatural e cristã à vocação e que ajudam, pedem ingresso como Supernumerários ou são, pelo menos, grandes Cooperadores.

58c. Quando falo com as mães e pais de meus filhos, costumo dizer-lhes: *vossa missão como pais não acabou. Deveis ajudá-los a serem santos. E como? Sendo santos vós mesmos. Estais cumprindo um dever de paternidade, ajudando-os, ajudando-me a que sejam santos. Permiti-me dizer:*

> *o orgulho e a coroa do Opus Dei são as mães e os pais de família que têm pedaços de seu coração dedicados ao serviço da Igreja.*

59a. Terminarei, minhas queridas filhas e filhos. *Escrevi com liberdade, a fim de despertar novamente vossa memória,*[90] embora eu conheça vossos anseios por ser fiéis ao chamado do Senhor.

59b. Cumpri vossa missão com audácia, sem medo de vos comprometerdes, de dardes a cara, porque os homens facilmente têm medo de exercer a liberdade. Preferem receber fórmulas prontas para tudo: é um paradoxo, mas os homens muitas

Audácia no cumprimento da nossa missão

---

(90) Rm 15, 15.

vezes exigem a norma — renunciando à liberdade — por medo de se arriscarem.

59c. A Obra vos forma para que, com coragem, sejais — cada qual em seu próprio ambiente — homem ou mulher de iniciativa, de impulso, de vanguarda. Deveis corresponder a essa formação com vosso espírito e vosso esforço: sem essa decisão, a abundância de meios espirituais seria inútil. Lembrai-vos daquela legenda que costumava ser gravada em punhais antigos: *não te fies de mim se te falta coração*.

59d. Sede decididos, tenazes, teimosos, porque *não existe nenhum não definitivo*. Sede muito

<small>Decididos, tenazes, teimosos</small>

compreensivos com todos, procurando especialmente a unidade dos católicos. *Se vos mordeis e devorais, vede que acabareis por destruir uns aos outros,*[91] disse São Paulo. Os católicos devemos conhecer-nos e amar-nos.

60a. Dai a todos os homens o exemplo de vossa austeridade e sacrifício cristãos. O Senhor nos disse: *se alguém quiser vir após mim, negue-se a si mesmo.*[92] Ele nos fez sentir, meus filhos, a fecundidade de nos vermos pisoteados, desfeitos no lagar, como a uva, a fim de sermos o vinho de Cristo!

<small>Austeridade cristã e sacrifício</small>

---

(91) Gl 5, 15.
(92) Mt 16, 24.

60b. Sede sempre serenos — nem violentos, nem agressivos, nem exaltados —, com aquela serenidade que é um modo de se comportar e que exige o exercício das virtudes cardeais. A consciência viva de nossa filiação divina vos dará essa serenidade, porque esse traço típico de nosso espírito nasceu com a Obra e, em 1931, tomou forma: em momentos humanamente difíceis, nos quais eu estava, no entanto, certo do impossível — do que vós hoje vedes feito realidade —, senti a ação do Senhor que fazia germinar em meu coração e em meus lábios, com a força de algo imperativamente necessário, esta terna invocação: *Abba! Pater!* Eu estava na rua, num bonde: a rua não impede o nosso diálogo contemplativo; a azáfama do mundo é, para nós,

Filiação divina

Abba! Pater!

um lugar de oração. Eu provavelmente fiz essa oração em voz alta, e as pessoas devem ter me tomado por louco: *Abba! Pater!* Que confiança, que descanso e que otimismo vos dará, em meio às dificuldades, este sentir-se filhos de um Pai que tudo sabe e que tudo pode.

60c. Meus filhos, *peço-vos que sigais em frente e vos esforceis para levar uma vida serena e laboriosa em vossos negócios, trabalhando com vossas mãos tal qual recomendamos, para que viveis honestamente aos olhos dos estranhos e não sofreis necessidade. E que a paz de Cristo reine em vossos corações.*[93]

---

(93) 1 Ts 4, 10-12; Cl 3, 15.

60d. Abençoa-vos com toda a alma o vosso Padre

60e. Roma, 9 de janeiro de 1959

Direção geral
Renata Ferlin Sugai

Direção editorial
Hugo Langone

Produção editorial
Juliana Amato
Gabriela Haeitmann
Ronaldo Vasconcelos
Roberto Martins

Capa
Gabriela Haeitmann

Diagramação
Sérgio Ramalho

ESTE LIVRO ACABOU DE SE IMPRIMIR
A 13 DE MAIO DE 2024,
EM PAPEL PÓLEN NATURAL 70 g/m².